JN023872

中級フランス語

よみとく文法

西村牧夫 Nishimura Makio

白水社

装丁　　　　　　森デザイン室
本文レイアウト　　山崎弓枝

はじめに

　フランス語の基本をひととおり学んだら、当然、フランス語で本を読みたくなります。しかし、残念ながら、フランス語の単語を仏和辞典にある日本語の訳語に置き換え、どうにかおおよその意味を〈想像〉するのが精一杯ではないでしょうか。やる気があっても、独力でこのレベルを乗り越えるのは容易なことではありません。そのうちに知っている単語の数が増え、〈想像〉することをそれほど苦にしなくなります。外国語で読むとはそんなものだと無意識に思いこんでしまうかのようです。しかし、〈想像〉には〈読み落とし〉という危険がつきまといます。

　たとえば、« Je voudrais bien t'aider... » と言われて助けてくれるのだと思ったら大間違いです。会話の授業で真っ先に « Je voudrais... »「～をください」を覚え、自分の意思を表明する表現だと勘違いしがちですが、条件法には「実はできない」という意味が隠れています。« Je voudrais bien t'aider... » は「助けてあげたいのだけど…」という意味で、たいていは « mais... » に導かれる弁解が続くので誤解することは少ないのですが、たまに〈否定〉を〈肯定〉と思って大失敗することがあります。

　また、« Je t'aimais. » は確かに「愛していた」ではあるのですが、発話時点で発せられると「今は愛していない」という意味が裏にひそんでいます。うっかり恋人に対して使ったら、« Tu ne m'aimes plus ? »「もう、私のこと愛していないの？」と詰め寄られてしまいます。

　この本では、上に述べたように「見逃しがちだけれど、間違えたらたいへん」というような現象を出発点として、文法を説明していきます。

2011 年 5 月　著者

目　次

はじめに　　　　　　　　　　　　　　　　　　　　　　　　　　　3

1章　　名詞限定辞を理解しよう　　　　　　　　　　　　　　7

1課　初級文法の思考停止から抜け出そう（1）
　　　　　― 定冠詞は「その」ではない　　　　　　　　　　　8

2課　初級文法の思考停止から抜け出そう（2）
　　　　　― 指示形容詞の本質は「指し示すこと」ではない　　12

3課　定冠詞はグループ内の選択をしない
　　　　　― 名詞限定辞は「選択」「除外」だけで説明できる　16

4課　総称的用法のいろいろ　― 冠詞の意外な罠　　　　　　20

5課　〈限定辞＋名詞〉の非人称化とは？　― 総称的用法と ce, ça　24

6課　「～というコト」vs「ヒト」「モノ」
　　　　　―「コト」的なものは非人称化しやすい　　　　　　28

7課　フランス語3人称の不思議
　　　　　― 英語や日本語とこんなに違う「彼」「彼女」　　32

8課　不定冠詞・部分冠詞は数量表現
　　　　　―「すべて」→「選択」のプロセス再考　　　　　　36

9課　融通無碍な定冠詞　―「宇宙飛行士の謎」を解く　　　　40

10課　総称的用法を超えて　― いい加減な定冠詞　　　　　　44

11課　代表は不定冠詞単数で表す　― 非人称化か？　人称代名詞化か？　48

12課　不定冠詞単数の訳し方（1）
　　　　　― 代表としての〈un(e)＋名詞〉再考　　　　　　52

13課　不定冠詞単数の訳し方（2）　― 多彩なニュアンス　　56

14課　「選択」「除外」の総称は指示形容詞
　　　　　―「コリー」から「この種の犬」へ　　　　　　　　60

コラム　何もなかった昔…　何でもある今…　　　　　　　　　64

2章　分詞構文とジェロンディフの徹底検証　　　　67

1課　限定辞ゼロ　── 空白に意味あり？　　　　　　　　68
2課　「はぐれ要素」は分詞構文だ　── étant, ayant の省略　72
3課　分詞構文からジェロンディフへ　── 前後関係と同時性　76
4課　ジェロンディフを活用しよう　── 静と動の違いとは？　80
5課　ジェロンディフ：en によるプラスアルファ　──「時」の現在分詞？　84
6課　ジェロンディフと否定　── 否定形にできる？　できない？　88

コラム　単語にとらわれず…　柔軟に…　深くよむ　　　　92

3章　否定から条件法へ　　　　95

1課　隠れた否定　── 肯定か否定かを見極める　　　　　96
2課　隠れた否定から条件法へ　── 条件法の根幹には否定がある　100
3課　条件法による「逆転」とは？　── 現実はどうかを見極めよう　104

コラム　ことばの旅…　語源のおもしろさ…　　　　　　108

4章　語りの世界　　　　111

1課　自由間接話法への招待　── 作中人物の身になって考える　112
2課　自由間接話法のテクニック　── 時制の一致　　　116
3課　「語り」の時制：単純過去　── 複合過去との違い　120
4課　「語り」の単純過去から「語り」の現在へ　── 2つの現在形　124
5課　単純過去 vs 複合過去（1）　──『星の王子さま』の2つの世界　128
6課　単純過去 vs 複合過去（2）
　　　── 正直なルソーからカミュのトリックまで　　132

コラム	将棋のよみ… フランス語のよみ…	136

5 章　現在と過去 139

1課	半過去と現在 (1) ── 半過去は過去における現在	140
2課	半過去と現在 (2) ── 近過去的・近未来的な半過去	144
3課	まだまだ使い道がある半過去 　　　　── 「取り直し」や「断絶」	148

コラム	目に見える単純時制… 目に見えない複合時制…	152

6 章　複合時制 155

1課	複合時制の基本的な働き (1) ── 「完了」が基本	156
2課	複合時制の基本的な働き (2) ── 複合過去の特質	160
3課	前未来の意外な側面 ── ひと区切り用法	164
4課	大過去 vs 複合過去 ── 現在にかかわる大過去	168
5課	quand の秘密 (1) ── 用法のまとめ	172
6課	quand の秘密 (2) ── 半過去の謎を解く	176

コラム	フランス語の勉強法 ?? 「バカは死ななきゃ治らない」	180

7 章　接続法の考え方 183

1課	接続法って何だろう (1) 　　　　── 「主観」「感情」「疑惑」「命令」…	184
2課	接続法って何だろう (2) 　　　　── 情報のポイントは主節？ それとも従属節？	188

索引		192

1章
名詞限定辞を理解しよう

５歳前後のお子さんがいるフランス人家庭でこんな質問をしたことがありました。「お宅の坊や（お嬢ちゃん）は冠詞が上手に使えますか？」。返ってくる答は「もちろん、ぜんぜんおかしいところはありませんよ」でした。他方、フランスの大学生の国語能力の低下を心配する声が聞こえます。単語の意味がわからない、綴りが不正確、単純過去の活用は無理としても現在形も書けない…「５歳の子供がマスターしてしまう冠詞は日本人がいくら勉強しても使いこなすことができないのに、語彙や綴りや動詞活用なら勉強次第でフランスの大学生に勝てる」??　何だか妙な話です。そこで、冠詞には子供でもわかる簡単な説明原理があるはずだと考えた結果が本章です。「選択」と「除外」という基準だけで冠詞や指示形容詞が説明できます。指と頭を連動させて、例文を書き写しながら考えてみましょう。

1課 初級文法の思考停止から抜け出そう（1）
— 定冠詞は「その」ではない

問題 不定冠詞は不特定・未知のものを示し、定冠詞は特定・既知のものを示します。では、次の（　　）内に日本語を補ってください。

un film 　（　　）映画 　→ *le* film 　（　　）映画

une maison 　（　　）家 　→ *la* maison 　（　　）家

極めて初歩的な問題ですが、ひょっとして「（1本の）映画」→「（その）映画」、「（1軒の）家」→「（その）家」のように答えたくなりませんでしたか？ ほとんど「そう答えなさい」と誘導していながら恐縮ですが、正解は「何も入れない」です。そんなバカな！ というお怒りはごもっともですが、とりあえず次の3つの物語の出だしを読んでみましょう。

1）**Des revenants hantent le magasin de Paule*. Cette rumeur circulait dans le village depuis des années.** (*Paule は女性)

　ポールの店には幽霊が出る。そんな噂が村では何年も前からささやかれていた。

2）**Alors que le train quittait la gare, la pluie se mit à tomber, une pluie à moitié gelée. Et, de surcroît, depuis le matin son genou gauche lui faisait mal.**

　電車が駅を離れるところで雨が降り始めた。なかば凍った雨だった。しかも、彼の左膝は朝から痛み続けていた。

3）**Comme chacun sait, un cours d'université commence avec 12 minutes de retard et se termine 12 minutes avant l'heure. Quiconque ne respecterait pas cette règle coutumière ne saurait passer pour un professeur digne de ce nom auprès des* étudiants.**

　（des は auprès de... の前置詞 de と les étudiants の定冠詞 les が縮約されたもの）

　周知のように、大学の講義は定刻より12分遅れて始まり、12分早く終わる。仮にこ

のしきたりを守らないような者があれば、それは<u>学生</u>から見て<u>大学教員</u>の名に値しない者ということになる。

　ここには〈冠詞＋名詞〉の形が全部で 13 回出てきますが、「ある 1 つの」とか「その」とかいう表現は日本語には現れませんね。こうしてみると、フランス語の初級文法で教え込まれる「不定冠詞から定冠詞へ」という次のような図式化がいかに危険であるかがわかります。

un film		*le* film
ある 1 本の映画 （未知）	ATTENTION! →	その映画 （既知）

〈定冠詞＋名詞〉

　le magasin de Paule はもともと 1 つしかないので、「そのポールの店」のようにほかの店との対比を思わせる表現は間違いになります。同様に *le* village も「ポールの店がある村」に決まっているので、ほかの村との対比を思わせる「その村」というのは適切な訳ではありません。2）では、いきなり *le* train（主人公が乗っている電車）、*la* gare, *la* pluie, *le* matin（物語が始まる日の朝）のように〈定冠詞＋名詞〉が続きますが、ここでもやはり「その」という訳にはなりません。3）の *l'*heure（それぞれの大学が定めているであろう授業終了時刻）も同様です。要するに〈定冠詞＋名詞〉は、すんなりそのまま受け入れるべきものなのです。いちいち「エッ！電車って何のこと？　雨って何のこと？　定刻って何のこと？」などの反応を引き起こすものであってはなりません。もし、聞き手が〈定冠詞＋名詞〉に関して何らかの疑問を抱いたとしたら、それは話し手の情報発信に不具合があるということで、修正・釈明を迫られることになります。

定冠詞は「特定の」といういかにも中身が濃そうな見かけからはほど遠く、いわば「空気のような存在」なのです。私は以前「おぼろ冠詞」という呼び名を提唱し、当然ながら無視されました。しかし、いつの日か定冠詞が空気のように「おぼろ」であることが認知されることを願っています。

〈定冠詞＋名詞〉→〈不定冠詞＋名詞〉

　ところで、2）では、まずいきなり *la* pluie が使われて、そのあとに *une* pluie が出てきます。ここにも un → le という初級の常識が覆されていますね。これはどういうことでしょうか？

　「雨が降る」という現象のみを考えれば、いつどこで降ろうが雨は雨です。このような**万人に共通の事象**は、初めから〈定冠詞＋名詞〉の形になります。思いつくままに羅列すると、*la* pluie と同じく天候表現の *la* neige「雪」、*le* vent「風」…、あるいは *l'*air「空気」、*le* ciel「空」、*la* mer「海」、*la* terre「陸、大地」、電波で誰もが享受できる *la* télévision「テレビ」、*la* radio「ラジオ」… なども初めから定冠詞がつきます。また、誰も避けることのできない睡眠や皆に共通する感情である喜怒哀楽も同じで、*La* joie［*La* tristesse / *La* peur / *Le* sommeil］s'est emparé(e) de moi.「私は喜びを感じた［悲しみ / 恐怖 / 眠気に襲われた］」の定冠詞の代わりに不定冠詞や部分冠詞が使われることはまずありません。

　話を個人の日常生活に限っても、日が昇り（*Le* jour se lève）、朝食を用意し（Je prépare *le* petit déjeuner）、地下鉄に乗って仕事に行き（Je prends *le* métro pour aller *au* travail）、昼休みを使ってストレスを解消し（Je profite de *la* pause-déjeuner pour évacuer *le* stress）、家に帰り（Je rentre à *la* maison）、居間でテレビを見て（Je regarde *la* télé dans *le* salon）、就寝する（Je vais *au* lit）わけです。エッ！　すごくわざとらしいですって？　もちろん、無理してます！　でも、少なくとも定冠詞なしで日常を語るのは不可能です。というわけで、私たちは無意識のうちに〈定冠詞＋名詞〉で構築

された日常を生きているというのが、言語研究者としての私の確信です。

　さて、話を *la* pluie → *une* pluie à moitié gelée に戻しましょう。基本的には「万人に共通の」雨なのですが、「なかば凍った」のように「どのような?」という問に答えるような要素（以後、「**どんな**」系の限定と呼びます）が加えられると、とたんに雨にもいろいろある（＝複数存在する）ということになります。*une* pluie fine「細かい雨」、*une* pluie diluvienne「豪雨」（村上春樹の『海辺のカフカ *Kafka sur le rivage*』では何と *une* pluie de sardines「イワシの雨」が降ります!）などは、無意識に設定された複数の種類の雨（*les* pluies）のうちの 1 つというわけです。すなわち、不定冠詞には「すべての中から 1 つ（ある部分）を**選択**する働き」があるのです。

〈不定冠詞＋名詞〉

　1) の冒頭にある *Des* revenants の des もこの「すべての中からある部分（＝複数）を**選択**する働き」をしているにすぎません。およそこの世に存在する（と思われている）幽霊のうちの一部がポールの店に出没している、つまり「幽霊がいる」ぐらいの意味しかもちません。だから、わざわざ「何人かの幽霊」と訳す必要はないのです

　3 行目の *des* années も同様ですが、日本語の「年」は単独では使えず「何年も」とか「数年」とか訳さざるをえません。

　3) の *un* cours d'université の un も「すべての中から 1 つを**選択**する働き」をしていますが、「大学の講義というものは遅く始まり早く終わるものだ」という一般論の中で使われているため、さらに「すべての中からどれを**選択**しても同じ」という意味が追加され、総称的になります。

2課　初級文法の思考停止から抜け出そう (2)
― 指示形容詞の本質は「指し示すこと」ではない

[問題]　次の文にはまず〈un ＋ 名詞〉〈plusieurs ＋ 名詞〉が現れます。で
は、その名詞を再び取り上げて話題にするとき、（　　）に何を入れたら
いいでしょうか？

1) On m'a donné *un* chien ; j'ai appelé（　　）chien Jirô.

　　犬をもらって、その犬にジローという名をつけた。

2) On m'a montré *plusieurs* bracelets ; j'hésite encore entre（　　）bracelets.

　　ブレスレットをいくつも見せられて、（そのブレスレットの中からどれを選ぼうか）ま
　　だ迷っています。

　1課を読んでいながら、定冠詞を入れた人はいないでしょうね？　もち
ろん言葉は無限であり、このような問に対して完璧な正解はないのです
が、一応 *ce* chien, *ces* bracelets を正解とします。なぜ定冠詞でなく指示
形容詞なのか？　まず、1課で学んだ不定冠詞の働きを思い出してみましょ
う。不定冠詞には「すべての中から1つ（ある部分）を選択する働き」
があるのでしたね。これは次のように図示することができます。

（この段階では、他の雨も 雨5 とまったく同等に位置づけられている）

12

この説明を 1) の *un* chien に当てはめてみましょう。

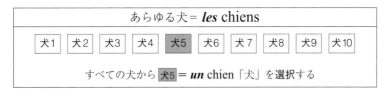

〈不定冠詞＋名詞〉→〈指示形容詞＋名詞〉

　選択した犬5をさらに話題とし、*ce* chien で示します。この段階では他の犬がすべて**除外**されることになりますね。

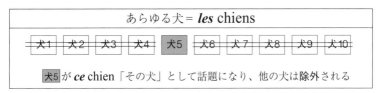

　つまり、指示形容詞 ce には「今話題にしているのは、犬1や犬2ではなく、犬5なのだ」という「同じグループ内にある他のメンバーを除外する」働きがあるのです。2) の *ces* bracelets の ces も同じで、まず *plusieurs* bracelets で「すべての中からある部分（複数）を**選択**し」、*ces* bracelets で「同じグループ内にある他のメンバーを**除外**」します。

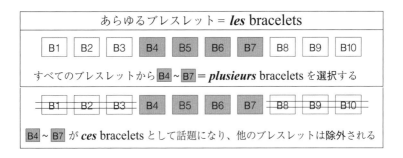

直前にある名詞を再び取り上げ「その〜」という場合、原則的には定冠詞ではなく指示形容詞 ce (cet), cette, ces を使うわけです。

いきなり〈指示形容詞＋名詞〉

　ところで、1 課 (p.8) の 1) でも指示形容詞 *Cette* rumeur が使われていましたが、その前の文には名詞 rumeur がありません。

1-1) Des revenants hantent le magasin de Paule. *Cette* rumeur circulait
dans le village depuis des années.

　　　ポールの店には幽霊が出る。そんな噂が村では何年も前からささやかれていた。

　これはどういうことでしょうか。実は、1) 2) の〈un ＋名詞〉→〈ce ＋名詞〉、〈plusieurs ＋名詞〉→〈ces ＋名詞〉の文は、**同じ単語の繰り返しを嫌うフランス人の感覚を無視して作ったもの**で、やや不自然です。むしろ、この 1) の *Cette* rumeur のようにいきなり出てくるのが普通です。しかし、説明原理にはまったく変化はありません。

　「でも、une rumeur なんてないじゃないか！」ですって？　ごもっともですが、これがまさに指示形容詞の優れているところで、中間の「**選択**」段階を省略できるのです。Des revenants hantent le magasin de Paule.「ポールの店には幽霊が出る」は「噂」なのですから、丁寧にフォローするのならまず Mais c'est *une* rumeur.「しかし、それは（すべての噂の中から**選択**

された1つの）噂だ」と言わなければなりません。ただ、これでは誰しもが
まどろっこしいと感じますね。そこで、Des revenants hantent le magasin
de Paule. のあと、すぐに *Cette* rumeur circulait dans le village depuis des
années.「その噂は何年も前から流れていた」と続けて、指示形容詞に次の
ような働きをもたせるようになりました。

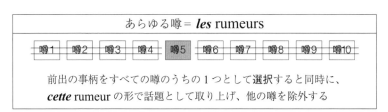

ところで、日常では、Tu vois *cette* table ? C'est moi qui l'ai faite.「ほ
ら、この［その/あの］テーブル、これ［それ/あれ］は僕が作ったんだ
よ」のように、前出部分がない文脈でいきなり〈指示形容詞＋名詞〉を使
うことがよくあります。上の説明の「前出の事柄」に代わって話し手およ
び聞き手の「視野にあるもの」を**選択**する場合ですが、「指し示す」身ぶ
りで説明するとわかりやすいために、指示形容詞の代表的な用法と思われ
ています。しかし、今までの説明で明らかなように、「指し示し」用法は
「同じグループ内から1つ（部分）を選択し、他のすべてのメンバーを**除
外**する」という指示形容詞の基本的働きの特殊な現れにすぎません。

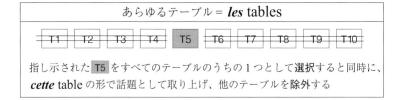

15

3課　定冠詞はグループ内の選択をしない
― 名詞限定辞は「選択」「除外」だけで説明できる

[問題]　次の文はいずれも基本的に「次の文例を検討しよう Considérons ［Examinons / Prenons］＋限定辞＋ exemple」という文脈を想定していますが、exemple についている名詞限定辞は、不定冠詞、指示形容詞、定冠詞といろいろです。その違いを考え、定冠詞の特質を見つけましょう。

1) *... un* **exemple :**（次の）文例

2) *... un* **exemple concret :**（次の）具体的な文例

3) *... un* **exemple comme** ［= **tel que**］⑩ **:** ⑩のような文例

4) *... un* **exemple qui montre bien** ［...］**:** …をよく示す文例

5) *... cet* **exemple :**（次の）この文例

6) *... l'*exemple suivant ［= qui suit］**:** 次の文例

7) *... l'*exemple ci-dessous **:** 下の文例

8) *... l'*exemple ⑩ **.** ⑩の文例

　1)〜 8)の exemple はどれも「これから検討する（＝未知だ）」がしかし「すぐ下にある（＝特定の）」文例を示しています。しかしながら、不定冠詞 un, 指示形容詞 cet, 定冠詞 l' という異なる名詞限定辞が添えられています。これは一体どういうことでしょうか。

　1)〜 4)は今までの不定冠詞に関する説明「すべての文例の中から１つを**選択**する働き」で処理できます。形容詞や関係代名詞の限定はありますが、「〜のような」を意味する「どんな」系の限定は不定冠詞と相性がいいのです（1課で見た *la* pluie → *une* pluie à moitié gelée を思い出しましょう）。

　それに対し、日本語の「この」「その」「あの」に相当する指示形容詞

は、「どの」系の限定を内包しています。5）は 2 課（p.15）でお話しした「いきなり使って、視野にあるものを**選択**する」指示形容詞ですが、「どの」系の限定であることに変わりはなく、いち早く視野に入るその文例だけが**選択**され、前に扱った文例などが除外されます。すなわち、「どの」系の限定が「**選択**」「**除外**」という働きをしていることになります。

　ところで、不定冠詞と指示形容詞に共通の「**選択**」には「グループ内のすべてのメンバー（＝定冠詞複数＋名詞）からの選択」という前提があったことを覚えていますか？ 名詞 nom（s）を N と表示することにして、もう一度図式を確認しましょう（下線つきゴチック体の部分に注意）。

　ところが、〈定冠詞複数＋名詞〉は次のように「すべての N」です。

9） ***Les*** **hommes naissent libres et égaux, il paraît.**

　　　人間って生まれながらにして自由で平等なんだってね。

10） **Dans cette école,** ***les*** **professeurs exigent du travail sérieux, il paraît.**

　　　あの学校では、先生たちが（子供たちに）しっかり勉強させるらしいよ。

　したがって、グループ内での**選択**はなく、次ページのように図式化されます。

　また、11）の le soleil のようにグループ内のメンバーがもともと 1 つだけだったら、下のような図式になります。

11）*Le* soleil est en train de se coucher.

　　日が沈みかけている。

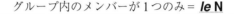

グループ内のメンバーが 1 つのみ = *le* N
N
初めから N が 1 つのためグループ内の**選択なし** → *le* N

　しかし、たくさんあるはずの文例の中から 1 つだけを取り上げている 6）〜 8）の定冠詞は、どう説明したらいいでしょうか。〈定冠詞＋名詞＋限定〉の限定が何系かを考えればすぐ答が出ますね。

　6）l'exempe *suivant*「次の文例」、7）l'exempe *ci-dessous*「下の文例」、8）l'exempe ⑩「⑩ の文例」では、いずれも「どの」系の限定になっています。

　指示形容詞の場合、内包する「どの」系の限定によって「選択」「除外」を同時におこなうのに対し、定冠詞の場合は「どの」系の限定によって N が「選択」「除外」済みで 1 つになり、結局、定冠詞は「選択なし」を追認しているだけです。ここでも定冠詞による情報はほとんどゼロだということになります。

　もちろん、12）のように「どの」系の限定が文脈の中に隠れている場合もあるので要注意です。

12）［学校から帰ってきた子供が］

***Le* professeur m'a dit de lire ce livre.**

先生にこの本を読むようにって言われた。

　先生は他にもたくさんいるではないかとの反論があるかも知れませんが、小学生とその親の会話では「子供の所属する学級」という「どの」系の限定があり、*le* professeur と言えば「担任の先生」だけです。*le* professeur はそれ以外の人物を指すことはできないのです。上に見た「どの」系の限定がある *l'* exemple ci-dessous「下の文例」などと同じことです。

　したがって、ここに 4 つのバッグ quatre sacs があるとして、それぞれ指示形容詞を使い *Ce* sac est à moi. *Ce* sac est à Léa. *Ce* sac est à Marie. Alors, *ce* sac est à qui?「そのバッグは私の。そのバッグはレアの。そのバッグはマリの。じゃあ、そのバッグは誰のかな？」と言って、ce を使うたびに他の 3 つを除外することができます。しかし、いずれの場合も 4 つのうち 1 つを**選択**したことになりますから、ce に代えて「**選択なし**」の定冠詞 le を使うことはできません。定冠詞を使うには、*le* sac rouge「赤いバッグ」、*le* sac bleu「青いバッグ」、*le* sac vert「緑のバッグ」、*le* sac noir「黒いバッグ」のように「どの」系の限定を加えて選択の余地がないようにします（色によ

（赤）	（緑）
ce sac=le rouge /	ce sac=le vert
（青）	（黒）
ce sac=le bleu /	ce sac=le noir

る限定は本来「どんな」系ですが、ここでは、赤・青・緑・黒のバッグがそれぞれ 1 つしかないので「どれ」系の限定になります）。

　次の文中の指示形容詞と定冠詞の使い分けも同じです。

13）— ***Cette* cravate est trop voyante. Montrez-moi *cette* cravate-ci, oui, oui, *la* sombre.**

　　— Voici, Monsieur.

「そのネクタイは派手すぎるな、こっちのネクタイ、そう、地味な色のを見せてください」

「はい、これですね」

4課　総称的用法のいろいろ
── 冠詞の意外な罠

（問題）　1課（p.8）で見たように、冠詞はむしろ訳さないほうがベターなのですが、総称用法は常に意識しておくことが大切です。次の文に潜む総称表現を見つけて、日本語訳を修正してください。

1）── Ah ! Ah ! Voilà la visite d'un admirateur ! s'écria de loin *le* vaniteux. Car, pour *les* vaniteux, les autres hommes sont des admirateurs.

> 「やあ、ファンの１人が来てくれたぞ！」と自惚れ屋は遠くから叫びました。というのも、自惚れ屋にとってほかの人はみな自分のファンだからです。

2）［相手がヘビに噛まれはしないかと心配して言います］

── Je te dis ça... c'est à cause aussi *du** serpent. Il ne faut pas qu'il te morde**... *Les* serpents, c'est méchant. (*du は à cause de... の前置詞 de と le serpent の定冠詞 le が縮約されたもの。** mordre の接続法）

> 「君にこんなことを言うのも…ヘビのせいなんだ。君が噛まれちゃいけないから…ヘビはどう猛だからね」

〈定冠詞複数＋名詞〉

　1）の *le* vaniteux は登場人物ですから「自惚れ屋」でかまいません。しかし、複数の *les* vaniteux は登場人物でなく、自惚れ屋一般を表しています。上記の訳例ではこの違いが曖昧になってしまうので、「自惚れ屋というのは、ほかの人はみんな自分のファンだと思いこんでいるものなのです」とでも訳したいところです。

　2）の訳文でも *le* serpent と *les* serpents が混同されかねません。こういう時にこそ「冠詞は訳さない」という原則を破り、「あのヘビのやつのせいなんだ」「ヘビっていうのはどう猛だからね」と訳して違いを出します。

ところで、Les serpents, *c'est* méchant. では Les serpents sont méchants. と言わずに c'est で続け、単数 méchant になっています。これはどういう働きをしているのでしょうか。以下、順を追って考えましょう。

a）「すべて」を表す〈定冠詞複数＋名詞〉

まず、「すべて」を表す場合は次のような図式で示されるのでしたね。この場合、メンバーそれぞれの違いは保たれています。

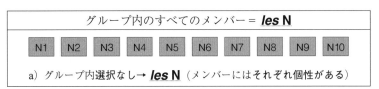

b）総称：〈定冠詞複数＋名詞〉

それに対し、総称的な用法の場合、たとえば *Les* hommes sont mortels.「人間は（皆いつの日か）死ぬものだ」は「死すべき運命」という共通項でくくられ、それぞれの違い（個性）が無視されます。

c）総称：〈不定冠詞単数＋名詞〉

ところで、1 課（p.11）では総称的な *un* cours d'université「大学の講義」について「すべての講義の中からどれを選択しても同じ」と説明しました。そう考えれば、当然 *Un* homme est mortel.「人間は（だれしもいつか）死ぬものだ」とも言えることになりますね。

d）総称：〈定冠詞単数＋名詞〉

さらに普遍性・抽象度が高くなると、どれをとっても同じことから、初めから 1 つしかないのと同じことになり、*L'homme est mortel.*「人は死ぬのだ」のように定冠詞単数で済ますことができます。動植物を種としてとらえる *Le* lion est un animal.「ライオンは動物である」も同じです。

b）グループ内の選択なし→ **les** N（メンバーそれぞれの個性は無視）
c）グループ内から１つ選択→ **un** N（メンバーのどれをとっても同じ）
d）１つの内から１つ（＝選択なし）→ **le** N（初めから１つとして扱う）

（*このグループにははっきりした枠がなく、メンバー数の確認は不可能）

e）総称:〈冠詞＋名詞, c'est... / ça ＋動詞〉

　しかし、話し言葉では文脈などをゆっくり確認する余裕はありません。そこで、2）の *Les* serpents, c'est méchant. のように les serpents を ce（＝ c'）で受け直すことにより言わば非人称化します。これで、差異を捨象するわけです。形容詞 méchant は男性単数ですが、「赤ちゃん」や「子供」は女の子でも普通 *un* bébé, *un* enfant になるのと同じで、中性的です。ところで実は、*Les* serpents, c'est méchant. には Ça peut mordre pour le plaisir.「ヘビって（大した理由もなく単に）それが愉快だからといって嚙みつくことがある」という文が続きます。この ça も ce と同じく、数や性の差異を消去して非人称化しています。両者の違いは、ce が c'est... の形で être と結びつくのに対し、ça は être 以外の動詞や助動詞と結びつくことです。

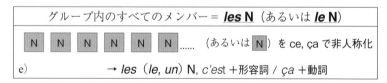

　非人称化というのは、「性・数を備えており、通常 il(s) や elle(s) など人称代名詞で受けることができるはずのフランス語名詞が人称代名詞化できなくなる現象」です。例としてよく出されるのは 3）のように「好き・嫌い」を表す動詞とその直接補語の場合です（と一般に言われていますが、実は怪しい。p.27 参照）。名詞が示すものが限定されていれば、4）の

ように人称代名詞を使うところですね。

3）**Je n'aime pas *ça, les* voyages.**　好きじゃないんだ、旅行って。

4）**C'est moi qui ai fait cuire *ce* pain. J'espère que vous *l'*aimerez.**

　　このパン、私が焼いたんです。気に入ってくださるといいのですが。

〈y＋動詞〉による非人称化の例もあります。5）では un homme が「男一般」を表すので中性代名詞 y が使われ、6）では son père「自分の父親」のように限定されており人称代名詞 lui を使います。

5）**Elle *y* ressemble**（y＝à un homme）**, mais moralement, c'est bien une femme.**

　　彼女（外見は）男みたいだけど、心はちゃんと女だよ。

6）**Elle se sentait aimée de son père et elle *lui* ressemblait**（lui＝à son père）**.**

　　彼女は父親に愛されていると感じていた。それに彼女は父親似だった。

中性代名詞 le による非人称化の例も見ておきましょう。7）の une bonne ménagère「いい主婦」、8）の la vérité「真実」はどちらも女性名詞ですが、代名詞化され le が使われています。9）はおなじみの国籍・職業などを表す無冠詞名詞が le になる例です。属詞の位置にあるこれらの名詞は「何（誰）であるかを**示す**」のではなく「どういうものかを**説明する**」ので形容詞的であり、したがって中性代名詞 le で受けるというわけです。

7）**— Je ne suis pas une bonne ménagère...**

　　— C'est tout ?

　　— Non... Je ne tiens pas à *le* devenir.

　　　「私、いい主婦じゃないし…」「それだけ？」「ううん … いい主婦ってものになる気がないの」

8）**— Je suis certaine que c'était la vérité.**

　　— Et je suis sûr que ça ne *l'*était pas.

　　　「それはきっと真実だったのよ」「僕は真実じゃなかったと思うな」

9）**J'étais avocate... et je ne *le* suis plus.**　弁護士だったけど… 今は違う。

5課 〈限定辞＋名詞〉の非人称化とは？
— 総称的用法と ce, ça

4課で見たように、非人称的代名詞 ce, ça は女性名詞や複数名詞を受けることができます。この課では、なるべく多くの例に触れて、これらの代名詞が何を受けているのかを考え、言葉の柔軟さを実感しましょう。

[問題]　次の文から、イタリック体の ce, ça が受けている部分を抜き出すか、それが不可能な場合は言葉で説明してください。

〈定冠詞複数＋名詞〉

1）**Les frères, *ça* se dispute souvent pour un rien.**

　　兄弟というのは些細なことで言い争うことがよくある。

2）**Mange tes épinards, *c*'est bon pour la santé !**

　　ほうれん草を食べなさい、健康にいいんだから。

3）**Les moules, *ça* peut être très dangereux.**

　　ムール貝は（食べると）とても危険な場合がある。

4）**Attention aux fuites de gaz, *c*'est très dangereux.**

　　ガス漏れに気をつけろ、とっても危険だよ。

5）**N'allègue pas les enfants. *Ça* ne manque pas, les mères de famille qui travaillent !**

　　子供たちを口実にするな。子持ちでも働いているお母さんたちはたくさんいるんだ！

6）**À notre époque, *c*'est rare les hommes qui tiennent la porte à une femme. Finalement, c'est peut-être ça, l'élégance...**

　　今時、女性が通れるようにドアを押さえてくれる男なんてそうはいない。結局、こういうことなんだろうけどね、（男の）エレガンスって ...

1）**ça** = Les frères（総称的）
2）tes épinards「君に出されたほうれん草」は極めて限定的だが、いったん一般論のレベルに戻って *les* épinards（総称的）または manger *des* épinards「ほうれん草を食べること」を c' で受けている。
3）**ça** = Les moules（総称的）：動詞が être でも、間に可能性を表す助動詞 pouvoir が入ると、主語は ce でなく ça になることが多い。
4）**c'** = les fuites de gaz（総称的）
5）**Ça** = les mères de famille qui travaillent（総称的）
6）**c'** = les hommes qui tiennent la porte à une femme（総称的）

　6）の une femme は総称的ですが、「ドアを押さえてくれる」という状況限定があり、不定冠詞単数になっています。「すべての女性の中からたまたま 1 人が**選択される**が**除外なし**」なので総称的というわけです。こうしてみると、特定だ、総称だ、不特定だと決めつけるのは意味がなく、有害だとさえ思われます。繰り返しますが、言葉は無限です。「**すべての**メンバー内で、**選択**があるかないか、**除外**があるかないか」だけを考え、1 つ 1 つのケースに柔軟に対応しましょう。

　ところで、次の 7）には非人称化（c'）と人称化（ils）の両方が見られます。どうしてこのようなことが可能かというと、c' が受けているのは「鳩が広場にいる情景」であるのに対し、ils が受けているのは「（実際の）パリの鳩」で性・数が明確だからです。

7）**À Paris, les pigeons sur la place de l'Hôtel-de-Ville, *c*'est très joli, mais *ils* salissent la ville.**

　　パリの市庁舎広場にいる鳩の姿はとてもいいのだが、（これらの鳩は糞などで）街を汚す。

〈不定冠詞単数＋名詞〉

8）**Un canard, *c*'est beau sur l'eau ; mais quand *ça* vole, c'est encore plus beau.**

　　水上の鴨は美しい。しかし、飛ぶ鴨はさらにまた美しい。

9）Une petite amie, *ça* te* stimule un homme ! (* te, vous は文の基本的な構成
要素ではなく、相手を含む人間一般に共通であることを示す一種の総称的用法)

　　ガールフレンドがいるとねえ、男って張り切るんだよなー！

10）*C'est* toujours triste un départ, même lorsqu'on n'est pas concerné !

　　誰かが行ってしまうって、自分に関係なくても、いつだって何かしらもの悲しいものなんだ。

11）Une femme sans amour, *c'est* une fleur sans soleil. *Ça* dépérit.

　　愛に恵まれぬ女は陽光に恵まれぬ花のようなもので、しおれていく。

　8）*c', ça* = *Un* canard（総称的）
　9）*ça* = *Une* petite amie（総称的）
　10）*C'* = *un* départ（総称的）
　11）*c', Ça* = *Une* femme sans amour（総称的）

〈定冠詞単数＋名詞〉

12）C'est du roman*. La vie et le roman, *ça* n'a aucun rapport.

　　それじゃまるで小説（絵空事）だよ。（実際の）人生と小説じゃぜんぜん違う（←関係ない）。

　　(* 具体的な本を示すなら C'est un roman.「これは小説だ」だが、質や内容を問題にして「小説的なもの」と言う時は部分冠詞 du roman)

13）*C'est* beau, l'amour d'une fille pour ses parents.

　　娘の両親への愛というのはすばらしいものだ。

　12）*ça* = *La* vie et *le* roman（総称的）
　13）*C'* = *l'*amour d'une fille pour ses parents：ここで総称的なのは *une* fille「どんな娘でも」。これに限定され「選択なし」の定冠詞 *l'*amour になる。

　ところで、次の文には、〈所有形容詞＋名詞〉ton café と 〈定冠詞＋名詞〉le café との間に ça が使われています。これはどういうことでしょうか。

14）Tu bois *ton* café sans sucre ? Mais *ça* n'a aucun goût, *le* café sans sucre !

コーヒーを砂糖なしで飲むのか？　でも、ぜんぜん味がないだろうが、砂糖なしのコー
ヒーなんて！

　ça は文末の le café sans sucre で、総称的名詞を ça で受ける典型的な例
です。*ton* café も具体的なコーヒーではなく「いつものコーヒー（総称
的）」の飲み方を問題にしていますが、この種の構文〈動詞＋名詞＋属詞〉
「〜は〜の形で〜する」は *Mon* café (*Le* café), je *le* bois chaud.「コーヒー
は熱くして飲む」や次の 15)「〜は〜の状態が好きだ」のようにきちんと
人称化するのが基本です。

　ついでに、総称的なのに ça ではなく人称代名詞 les を使っているほか
の文例も見ておきましょう。

15) Il aime les poires bien mûres, moi je *les* aime vertes.

彼はよく熟れた梨が好きだけど、私は青いのが好き。

16) Les enfants, je *les* aime.

僕、子供好きなんだ。

**17) Rares sont les Parisiens acceptés, on *les* aime bien, mais on ne *les*
prend pas très au sérieux.**

受け入れてもらえるパリジャンというのは滅多にいない。憎めない人たちだと思われて
はいるが、本気で相手にするのはごめんだというわけだ。

18) Vous savez, les serpents, je ne *les* déteste pas tant que cela.

それにね、ヘビって、私はそんなに嫌いじゃないんです。

　これらはすべて総称的な例ですが、人称化されてしっかり le や les が使
われています。〈aimer ＋限定辞＋名詞〉→〈aimer *ça*〉のようにパターン
化して教えることが多いのですが、必ずしもそうではありません。フラン
ス語を母語とする人たちの判断は様々です。日本人の私が勝手なことを言
うのもなんですが、やはり「子供たち」や「〜人たち」や動物たちに ça
は使いたくない、でも「ヘビ」には Les serpents, je déteste *ça*.「ヘビは嫌
いだ」もありかな、といったところでしょう。「もっと歯切れよく書け！」
とお叱りを受けると思いますが、「言葉に絶対的な正解はありません」。

6課 「〜というコト」vs「ヒト」「モノ」

—「コト」的なものは非人称化しやすい

　5課では総称的な〈冠詞＋名詞〉は非人称化しやすく ce（c'）や ça で受けることがあるけれど、必ずしもそうではないという結論になりました。この課では初めから特定的と思われている場合を考えましょう。

問題　イタリック体の c' や ça は何を受けていますか。

1） *C'*est très bon, ce gâteau.

　　　とてもおいしい、このケーキ。

2） Cette lampe ira très bien chez toi, *ça* fera très joli.

　　　この電気スタンド、君の家にうってつけだ、とてもきれいだろうな。

3） Ça fait maintenant deux ans que *ça* dure, cette situation-là.

　　　もう2年も続いているんだ、この状況が。

4） — Alors cette traversée de la Suisse en moto, qu'est-ce que *ça* a donné ?

　　　— *C'*était extraordinaire.

　　　「で、今度のバイクでのスイス横断、どうだった？」「素晴らしかった」

1）　*c'* = *ce* gâteau：味見したものを gâteau であると意識せず（＝人称化せず）*C'*est bon と言ってから、言葉（ce gâteau）で補うことはできる。しかし、具体的な人や物を表す場合は非人称化しにくいので、先に *ce* gâteau が出てしまったら、3人称主語代名詞 il で受けるのが基本。

2）　上に述べた理由により、この *ça* が cette lampe そのものを受けているとしたら少しおかしくなる。ここでは「ランプを君の家で使う」という状況を ça で示している。

3）　*ça* = *cette* situation-là（人称化が後になっているので OK）。

4）　*ça, c'* = *cette* traversée de la Suisse en moto：これは 2）と同じく状況（＝「スイスを横断する」）なので OK。

〈指示形容詞＋名詞〉は人や物そのものを示す場合と状況を表す場合で、次のように人称化に違いが出てきます。

5) — *C'est dangereux, ce* vase en équilibre sur le bord de la cheminée !

— Oui, *il* est plutôt dans un équilibre instable.

「暖炉の縁に何とか立っているあの花瓶、危ないよ！」

「うん、今にも倒れそうな感じだね」

6) [初めて海を見て] *Cette* eau qui scintille, *c'*est magnifique. On dirait un miroir.

水がきらきらしてて、とってもきれいね。まるで鏡みたい。

7) C'est fou comme *ça* change vite, *les* enfants ; je trouve que *ta* fille, cette année, *elle* a beaucoup mûri.

すごいよね、子供って、どんどん変わる。今年、君の娘さん、ずいぶん大人びたじゃないか。

5) では動詞は両方とも être ですが、状況「花瓶が不安定であること」が危険なので C'、それに対して il は極めて不安定な状況にある「花瓶」そのものを示しています。6) の c' が受けているのは海水そのものではなく、「水がきらきらしていること」です。7) では動詞は両方とも変化を表していますが、総称的な場合「子供であること」（ça で受けます）の特徴が問題となっており、それに対して〈所有形容詞＋名詞〉が示す「生身の娘さん」は当然 elle です。

また、次の 8) は、一見〈所有形容詞＋名詞〉を c' で受けている実に貴重な例ですが、5) 6) 7) を参考にすれば簡単に説明できますね。「気持ちが悪い」のは、「あなたの口紅」そのものではなく、「口紅が食べ物に付いていること」です。

8) *Votre* rouge à lèvres là, sur le caramel et le chocolat, *c'*est très, très écœurant.

ほら、キャラメルとチョコレートについてる、あなたのその口紅、ものすごく気持ち悪い。

以上のように「コト」的な場合はc' や ça で受けることができますが、念のため、〈所有形容詞＋名詞〉が使われる次の例文を見て、ふつうはc' や ça で受けることができないことを確認しておきましょう。（文頭の？印は避けるべき文であることを示します）

9) *Ta jupe, elle* est mignonne（? c'est mignon）.　君のスカート、可愛い。

10) *Elle* est jolie（? C'est joli）, *ta robe*.　きれいだね、君のワンピース。

11) *Elle* est belle（? C'est beau）, *leur fille*.　美人ね、あの人たちの娘さん。

　このように「ヒト」「モノ」そのものを取り上げる場合、人称代名詞で受けます。

　では、完全に「コト」的な表現の場合はどうでしょうか。次の例文でイタリック体の c', ça が受けている部分を考えてみましょう。

12) Cette table est trop pointue aux angles, *c'*est dangereux.

　　　このテーブルは角が尖っていて、危険です。

13) Ne laisse pas les enfants jouer avec le chien, *c'*est dangereux.

　　　子供たちを犬と遊ばせたらダメだよ、危ないから。

14) Il paraît que votre père est malade. *C'*est bien ennuyeux.

　　　お父さんがご病気ですってね、大変ね。

15) — Tu aimes faire de la course à pied ?

　　　— Oui, j'aime *ça*.

　　　「走るのは好き？」「うん、好き」

16) Faites de l'exercice avec modération, *c'*est bon pour la santé.

　　　適度な運動をしてください。身体にいいですよ。

---

12) *c'* = Cette table est trop pointue（前文）「テーブルの角が尖っているコト」
13) *c'* = jouer avec le chien（前文の不定詞部分）「（子供にとって）犬と遊ぶコト」
14) *C'* = ［que］votre père est malade.（前文の従属節）「父親が病気であるコト」
15) *ça* = faire de la course à pied（前文の不定詞部分）「走るコト」
16) *c'* = faire de l'exercice avec modération（前文の命令形を不定詞に変換）
　　「適度に運動するコト」

「グループに共通なこと」が基盤にある総称的用法も含め、「コト」的なものは非人称化しやすいのです。

最後に、主語の ce や ça ではなく、動詞の**補語** 17）18）19）20）や**属詞** 21）22）23）の場合を考えてみましょう。中性代名詞の le はおおむね下線の部分を受けています。

17）Si elle a eu un accident, les flics *le* sauront.

　　彼女が事故を起こしたら、警察に情報が入るさ（←デカたちはそれを知る）。

18）Tu n'aurais pas dû venir, tu sais... Tu me *l'*avais promis...

　　（お前は）来ちゃいけなかったんだよ ... そういう約束だったのに ...

19）Trop tard, je *le* crains.　　手遅れだな、どうやら（←私はそれを恐れる）。

20）［母親が子供に］**Viens faire des excuses à ton père ! Fais-*le* pour moi !**

　　こっちに来てお父さんに謝りなさい！ お母さんのためにそうして！

21）— Sois sérieux.

　　— Je *le* suis.

　　「真剣にやれ」「俺、真剣だよ」

22）Il m'était impossible de prendre pour de l'amour ce qui ne *l'*était pas.

　　愛でないものを愛として受け止めることは、私にはできなかった。

23）—Vous êtes sûr que c'est le bon moment ?

　　— Ça *l'*est.

　　「今やるべき（←いい時期）だという確信はありますか」「今やるべきです」

17）の elle a eu un accident「事故を起こしたこと」、18）の［de］ne pas venir「来ないこと」、19）の［que ça ne soit］trop tard「手遅れであること」は、どれも中性代名詞 le で受けます。

ところで、20）は *le* faire = faire des excuses à ton père「謝ること」ですが、この le faire「そうする」はあらゆる動詞グループに代わることができる**代動詞**です。

また、属詞として使われた場合、23）のように〈定冠詞＋名詞〉さえも非人称化され、原則として中性代名詞 le で受けます。

7課　フランス語３人称の不思議
— 英語や日本語とこんなに違う「彼」「彼女」

　今まで前出部分をどのように受けるかを観察してきました。「主語位置で受ける」「直接補語の位置で受ける」「属詞として受ける」のそれぞれに非人称化の現象が起こりましたね（下の表のグレーの部分）。

	主語：単／複		直接補語：単／複		属詞	
１人称	je	nous	me	nous	moi	nous
２人称	tu	vous	te	vous	toi	vous
３人称	il, elle	ils, elles	le, la (se)	les (se)	lui, elle	eux, elles
総称的	on*		(se)		(soi)	
非人称	ce, ça*, il（非人称）		ça, le（中性）**		ça, le（中性）	

*on と ce, ça は動詞活用では３人称扱い。また、ça には [ceci, cela] が含まれる。
**〈le faire〉は代動詞として働く。→ p.31

問題　（　　）に１語を補ってください。

1)（　　）**ne sait même pas si**（　　）**suis une fille ou un garçon.**

　みんな、私が女の子か男の子かさえも知らないの。

2)（　　）**sommes des paysans, pas des soldats.**

　俺たちは百姓だ。兵隊じゃねえ。

3)（　　）**es une mère modèle.**　　あなたは模範的なお母さんよ。

4)（　　）**êtes des cas à part. Trouver l'homme juste du premier coup !**

　あなたたちは例外なのよ。一発で（理想の）男を見つけるなんて！

----
1) *On, je*　　2) *Nous*　　3) *Tu*　　4) *Vous*

　On ne sait pas が難しいかも知れません。on はおおよそ「みんな」を意味する総称的用法が基本ですね。これ以外は全員正解で、あまりのやさしさに

物足りなく思ったのではありませんか?　さて、おもしろくなるのはこれからです。

5) Je ne peux pas mentir à Paul, (　　) est mon meilleur ami.

　　ポールに嘘はつけないよ。一番の親友なんだぜ。

6) Je ne dirai pas qu'(　　) soient malhonnêtes ; mais (　　) sont des gens sans idéal, sans foi, sans but.

　　彼らが不正なことをしているとは言わないよ。でもね、理想もない、信仰心もない、目的もない、そんな連中なんだ。

7) — (　　) est une clarinettiste très brillante.

— Oui, et en plus (　　) est belle.

　　「彼女はとても優れたクラリネット奏者だ」「うん、それに美人だよな」

8) (　　) sont des filles bien : (　　) comprendront.

　　彼女たち、いい子だから、わかってくれるよ。

----

5) *c'*　　6) *ils, ce*　　7) *C', elle*　　8) *Ce, elles*

3人称代名詞が使われているのは、6) *ils* sont malhonnêtes（例文の接続法 soient を直説法に戻すとこうなります）、7) *elle* est belle, 8) *elles* comprendront です。すなわち、〈主語＋être＋形容詞〉〈主語＋動詞〉の形では、主語が3人称代名詞 ils, elle, elles だということになります。しかし、他の例はすべて属詞部分が〈冠詞＋名詞〉になっています。そうだとすれば結論は明らかですね。「彼（女）はどんな人?」という疑問文の答となる文「彼（女）は〜な人だ」の主語は、人称代名詞 il (s), elle (s) ではなく、非人称の ce (c') なのです［次ページの9) 参照］。このような場合、あえて日本語に訳すなら「彼（女）は」、英語なら he あるいは she に置き換えざるを得ません。

〈il (elle) est ＋形容詞 〉＝〈 C'est ＋冠詞＋名詞 〉

　上に見た現象から判断すると、自分（je）と話し相手（tu, vous）以外の

誰か（＝彼、彼女）について話す時、属詞が形容詞あるいは無冠詞名詞（職業や国籍を表し、形容詞的）であれば主語は il（elle）、〈冠詞＋名詞〉あるいは quelqu'un など名詞的であれば主語は ce（c'）にするというのが原則ということになります。次の例で、疑問文の主語が elle、答の主語が c' になっていることに注目しましょう。

9) — *Elle est comment ?*

— *C'est quelqu'un de très gai.*

「彼女、どんな感じ（の人）？」「（彼女は）とても陽気な人よ」

こうしてみると、フランス語は形容詞と名詞が同じ性質を表す場合、〈Il [elle] est ＋形容詞〉でも 〈C'est ＋冠詞＋名詞（＋α）〉でも同じことを伝えることができるという不思議な言語ということになります。

10) *Il est très travailleur. ≒ C'est un travailleur acharné.*

彼はすごい努力家だ。

11) *Il est tout petit. ≒ C'est un tout jeune enfant.*

彼はほんの子どもだ。

12) *Elle est très bavarde. ≒ C'est un vrai moulin à paroles.*

彼女はとてもおしゃべりだ。

13) *Elle est volage. ≒ C'est une femme légère.*

彼女は尻の軽い女だ。

したがって、職業や国籍を表す時、〈il（elle）est ＋無冠詞名詞〉と〈C'est ＋不定冠詞＋名詞〉の両方があるというのも当然かなという感じがしてきます。

14) *Il est professeur. ≒ C'est un professeur.* 彼は先生をしている。

15) *Elle est avocate. ≒ C'est une avocate.* 彼女は弁護士だ。

次の 16) は長いテキストですが、ずっと同じ人（文中、イタリック体になっています）のことを話題にしながら〈elle est ＋形容詞〉と 〈C'est

＋不定冠詞＋名詞〉が順不同で出てくることに注意しましょう。日本語訳では隠れていますが、どちらも「彼女」なのです。

16）— Il y a une fillette de treize ans qui doit rentrer seule à Tokyo. *Sa mère* a eu un truc urgent à faire et est partie je ne sais où. Tu ne voudrais pas l'accompagner jusqu'à Tokyo?

> 「13歳の女の子がひとりで東京に帰らなきゃならないの。お母さんが急な用事でどこかに行っちゃって。あなたその子と東京まで一緒に行ってくれないかしら?」

— Pourquoi une mère laisserait-elle sa fille toute seule ? C'est complètement absurde, non?

> 「どうして母親が子供をたったひとりにして置いていくわけ?　無茶苦茶じゃないか?」

— Mais *cette femme* est absurde. *C'est une photographe* célèbre, et *elle* est bizarre. Quand l'idée lui prend, *elle* part brusquement où ça lui chante. Tu sais, comme *c'est une artiste*, quand *elle* a une idée, *elle* ne pense plus qu'à ça.

> 「だから、無茶苦茶な人なのよ。有名な女性カメラマンで、ちょっと変わってる。思いつきでどっかにさっと行っちゃうの。ほら、芸術家だから、何か思いつくともうそればっかり考えちゃうのね」

— *Elle* ne ferait pas mieux de venir la chercher elle-même?

> 「自分で引き取りに来りゃよさそうなもんだが」

— *Elle* doit rester encore une semaine à Paris. En plus *elle* est célèbre, *c'est une cliente* qu'on soigne particulièrement...

> 「あと1週間パリにいなきゃいけないって。それに、有名人だし、大切にしてるお得意さんだし…」

教科書や参考書で「〈c'est...〉は初めて話題にする時とか知らない人のことを話す時に使い、〈il (elle) est...〉でさらに続ける」というような説明が散見されるのですが、たまたまそういうケースがあるにしても基本的には間違っていることが上の例でわかりますね。

8課　不定冠詞・部分冠詞は数量表現

―「すべて」→「選択」のプロセス再考

問題　各文のイタリック体の代名詞 en（中性）, le, les をもとの名詞に戻し、〈動詞＋直接補語〉部分を書き直してください。

可算名詞の場合

1) — Quel est votre auteur préféré ? Moderne, bien entendu.

— Il y *en* a tellement !...

— Vous n'*en* aimez peut-être aucun ?

「お好みの作家は誰ですか？　もちろん、現代の作家で」「（何しろ）たくさんいるからなあ！…」「ひょっとして（好きなのは）1人もいないってことでしょうか」

2) — Je n'ai même plus de baguette...

— Mais si, maman. Je t'**en* ai acheté, je *les* ai mises au frigo.

— Je *les* ai toutes mangées...　(* 間接補語代名詞 t' (te)「ママのために」)

「もうバゲットだってないのよ」「あるわよ、ママ、私が買って、冷蔵庫に入れておいたから」「全部食べちゃった」

3) — T'as* tant d'amants, que c'est incalculable...

— （en comptant sur ses doigts) Non, pour le moment je n'*en* ai que trois !　(* 話し言葉で T'as = Tu as)

「あんたには愛人がいっぱいいて、数え切れない…」「（指を使って数え）ううん、今のところ3人だけ！」

> 1)　Il y a ***tellement d'***auteurs「作家があまりに多い」
> 　　Vous n'aimez ***aucun*** auteur「作家は1人も好きではない」
> 2)　Je t'ai acheté ***des*** baguettes「バゲットを買ってあげた」
> 　　j'ai mis *les* baguettes「（買った）バゲットを入れた」
> 　　J'ai mangé *toutes les* baguettes「バゲットを全部たべた」
> 3)　je n'ai que ***trois*** amants「愛人が3人しかいない」

　ここでは、2)の〈les ＋動詞＋ tous, toutes 〉に注目しましょう。グループ内のメンバーの選択が上限「**すべて**」に達して**選択の余地がない**状態になると、les と結びつくしかありません。それ以外は数が不定（des）であろうと、明示されていようと（trois）、大まかであろうと（tellement de）、「**すべての中から部分を選択**」しているということになります。以上を表にまとめると次のようになるでしょう。

代名詞 les	すべて	***les* N**　N1 N2 N3 N4 N5 N6 N7 N8 N9 N10	
代名詞 en	不定数	ある：***des* N**　N1 … N4 N5 N6 …	ない：***de* N**
代名詞 en ＋ *a*	数の限定	***aucun*** (0) **N**, ***un*** (1) **N***, ***deux*** (2) **N**, ***trois*** (3) **N**…	
	大まかな限定	***quelques* N, *plusieurs* N, *beaucoup de* N**	

（*un は使用頻度が極めて多く「不定冠詞」として特別扱いされるが、基本的には「1」という数に過ぎない）

非可算名詞の場合

4)　— **Mais ça n'a pas d'importance !**

　　— **Si, ça *en* a !**

　　「だってそんなの大したことじゃない！」「いや、大切なことだよ」

5)　— **J'ai eu de l'ambition comme tout le monde.**

　　— **Maintenant, tu n'*en* as plus ?**

　　「僕だって人並みに野心を持ったことはある」「今じゃ、もうないっていうわけ？」

6)　**J'aime Muriel. J'attendais pour vous le dire d'avoir de l'espoir. Je n'*en* ai encore qu'un peu.**

　　僕はミュリエルを愛しています。（この愛に）希望が持てるようになってから、このことを母さん［←あなた］に話すつもりでした。（今のところ）まだ少ししか希望はないのですが。

---

4) ça a *de l'importance*「重要性を持つ」
5) tu n'as *plus d'ambition*「もう野心を持っていない」
6) Je n'ai qu'*un peu d'espoir*「少しの希望しかない」

こうしてみると、量が不定（du）であろうと、明示され（J'en bois un litre.「1 リットル飲む」）ていようと、大まか（un peu de）であろうと、「すべての中から**部分を選択**」しているということになります。**非可算名詞は基本的に均質なものを表す**ので、量の多少や定量・不定量にかかわらず次のように図示できるでしょう。

すべて = *le* N	N		
un peu de N	1 litre de N	du N	beaucoup de N
少量	1 リットル	不定量	多量

以上を表にまとめると次のようになります。

代名詞 le	すべて	*le* N	N	
代名詞 en	不定量	ある：*du* N	N	ない：*de* N
代名詞 en ＋ α	量の限定	*1 litre de, 5 verres de, 100 grammes de...*		
	おおまかな限定	*un peu de N*, beaucoup de N*		

（* 可算名詞には〈un peu de ＋名詞〉が使えず〈quelques ＋名詞〉となることに注意）

以上のように直接補語〈限定辞＋名詞〉を代名詞化すると**すべて**を表す le・les 系と選択されて**部分**を表す en 系に分かれます。un (e) ＝「1」、des（不定数）、du, de la（不定量）は **en 系の数量表現**なのです。

非可算名詞から可算名詞へ

ところで次の例では 4) — Mais ça n'a pas d'importance ! — Si, ça *en* a !「だってそんなこと大したことじゃないでしょ！」「いや、大切なことだ

よ」で見た非可算名詞の *de l'*importance が aucune（0）、une（1）という限定を受けて、明らかに可算名詞に変身しています。

7）**Cette phrase n'a *aucune* importance pour toi. Mais elle en a toujours pour moi *une* très grande.**

> この言葉は君にとって何の重要性もない。しかし、僕にとって常にとても大きな重要性を持っているのだ。

これは、**均質なものを表す非可算名詞内に差異・区別を導入して選択**できるものにするということです。その瞬間に抽象名詞 importance は潜在的に *les* importances「すべての種類の重要性」を想定することになり、*une* grande importance「（とても）大きな重要性」はそのうちの 1 つになります。

1 課（p.11）と 2 課（p.12）で見た *la* pluie「雨」から *une* pluie gelée「凍った雨」への変化と同じですね。

均質な「雨」「重要性」が差別化され可算名詞となり、「すべての雨」「すべての重要性」の中から「1 つの雨」「1 つの重要性」が**選択**され、*une* pluie gelée「凍った雨」、*une grande importance*「大きな重要性」となるのです。

9課　融通無碍な定冠詞
—「宇宙飛行士の謎」を解く

問題　次の文では〈定冠詞＋名詞〉が単数の時と複数の時で微妙に違う例が示され、その説明が難しいことから l'énigme du cosmonaute「宇宙飛行士の謎」と名づけられています。その謎解きに挑戦しましょう（例文 «…» 内の文頭の疑問符？はその文がやや不自然なことを示す）。

« *Les* Américains ont mis le pied sur la lune en 1969 » est préférable à « ?*L'Américain* a mis le pied sur la lune en 1969 » pour les raisons déjà produites（la relation d'un événement unique et strictement localisé dans le temps ［21 juillet 1969］ complique le lissage du pluriel en singulier）. Or « *L'*homme a mis le pied sur la lune en 1969 » et « ?*Les* hommes ont mis le pied sur la lune en 1969 » inversent les données. C'est « l'énigme du cosmonaute ».

> 「1969 年、アメリカ人は月面に一歩を踏み出した」と言うとき、単数の *L'*Américain より複数の *Les* Américains の ほうがよい。その理由はすでに述べた（時間的に厳密な限定 ［1969 年 7 月 21 日］ がある個別的な出来事を述べる場合、複数から単数への均質化が難しくなる）。ところが、主語を「人間」に変えると、単数の *L'*homme のほうがよくなり、データが逆になってしまう。これが「宇宙飛行士の謎」である。

おもしろいことに、総称用法は「初めての月面到着」という時間的・空間的に限定された極めて個別的な出来事にも使えます。ある事柄を「人間が達成した」あるいは「アメリカ人が達成した」と言う場合、「人間」は宇宙に出現してから滅亡するまでの「人類」に属するすべての人、また「アメリカ人」は建国から滅亡までの「アメリカ合衆国」に属するすべての人を含んでいます。したがって、「人間」と「アメリカ人」の出来事への関わり方はまったく同じです。にもかかわらず、「月面に一歩を踏み出

した」ことを「人間にとって画期的な出来事」だという時は定冠詞単数 *l*'homme で、「（他の国民ではなく）アメリカ人による快挙」だという時は定冠詞複数 *les* Américains になるというのは確かに不思議な現象でまさに「宇宙飛行士の謎」です。

　私が見つけた類似の例にも同じ現象が見られます。

1）Quarante ans après l'enthousiasme qui sur toute la planète avait accompagné* les premiers pas de *l*'homme sur la lune, qui se passionne encore pour la conquête spatiale ? (* 複合過去 a accompagné でなく大過去 avait accompagné が使われているのは、このときの熱狂が現在に連続しておらず、むしろ現在の状況と対立していることを示す)

> 人間が月面に最初の足跡を刻んだときは世界中が熱狂したものだが、その 40 年後の今、宇宙征服に熱を上げている者などいるだろうか？

2）Ce sont *les* Américains qui ont effectué le premier alunissage.

> 最初の月面到着を果たしたのはアメリカ人である。

　また、宇宙を離れた次のような例もあります。

3）*L*'homme a découvert le feu.

> 人間は火を発見した。

4）*Les* Français ont découvert le vaccin contre la rage.

> フランス人が狂犬病予防ワクチンを発見した。

5）Les fusils ont été introduits au Japon par *les* Portugais.

> 鉄砲はポルトガル人によって日本に伝えられた。

　火を発見したのはたった 1 人の人間というより何人もいた可能性があります。それでも、主語は *L*'homme で単数です（もちろん、*Les* hommes ont découvert le feu. も可能ですが）。また、*Les* Français だから発見者が多数かというとそうではありません。発見者はパスツール Pasteur ひとりです。つまり、ここでも「発見は（他の国民ではなく）フランス人による

快挙」だというわけです。5）の「鉄砲伝来」にかかわったポルトガル人には諸説あるようですが、1 人だろうが数人だろうがどうでもいいのです。要は日本に鉄砲をもたらしたのがポルトガル人であったことだけわかればいいわけです。これを *un* Portugais と言えば「1 人」、*des* Portugais と言えば「数人」になってしまい、数をめぐって不毛な論争が始まることでしょう。

　それはともかく、人間の場合は単数、国民の場合は複数になる例が多いのですが、この違いをグループの「枠の明確さ」と「メンバーの数」という観点から考えてみましょう。

　それぞれ 3 つのメンバーからなる 5 つのグループがあるとします。それぞれのグループには枠がありますが、全体枠は明確ではありません。

| A B C | D E F | G H I | J K L | M N O |

　さて、まず A・B・C をメンバーとするグループだけを取り上げてみると、A・B・C の個性がはっきり見え、平均化（＝均質化）が困難です。

| A B C |

　次に A〜O をすべて取り出しぼんやりした全体枠の中に置いてみます。

A B C D E F G H I J K L M N O…

　今度は 1 つ 1 つの個性の把握が難しくなった代わりにサンプル数が増えたので平均値は取りやすくなります（＝均質化が容易になる）。早い話が、A さん個人の特徴はいろいろ指摘できるのに対し、グループが大きくなればなるほど大まかな特徴付けになります。それでも、フランス人、アメリカ人の個性を論じることはできます。しかし、「人間一般の個性」と言ったらほとんど言語矛盾ですね。メンバー数が増え、逆に枠が見えにくくなる（たとえば国境という枠がなくなる）と、そのグループが均質化

（A B C D E F G H I J K L M N O...）＝ l'homme

されたものとしてイメージされるのは自然なことではないでしょうか。

　「明確な枠」で限定されたグループは複数イメージが強くなるのが自然だというのは、les singes de cette région「この地方の猿」や les élèves de cette classe「このクラスの生徒」の singes や élèves が単数にしにくいことでも明らかです。

　ただし、次のように2つのグループを比較する時は、いちいち個々の個性を持ち出したらきりがありません。当然ながらそれぞれのメンバーの個性を捨象して〈定冠詞単数＋名詞〉にします。

6）Quelle est la différence entre *l'étudiant d'Oxford* et *l'étudiant de Cambridge* ? L'étudiant d'Oxford croit que le monde lui appartient. L'étudiant de Cambridge se moque éperdument de savoir à qui appartient le monde.

　　オクスフォード大の学生とケンブリッジ大の学生の違いは何だろう？ オクスフォード大の学生は世界が自分のものだと思っている。（それに対して）ケンブリッジ大の学生は世界が誰のものかなんて全く知ろうともしない（それほどスケールが大きい !?!?）。

　確かに、ここでケンブリッジにはオクスフォードの学生も顔負けのオクスフォード的な学生がいるとか、オクスフォードにもこんな変わり種がいるとか言い出したら、比較は永遠に不可能です。フランス語的な論理から言えば、〈定冠詞単数＋名詞〉は「いろいろ例外はあるけれど、とりあえず平均的な学生同士を比較しようじゃないか」ということになるでしょう。

　それにしても、フランス語という言語はなぜそこまでこだわるのか、あきれるばかりです。しかし、ここが我慢のしどころ。やせ我慢でいいから「偉い！ 偉い！」とつぶやいて先に進みましょう。

10課　総称的用法を超えて
── いい加減な定冠詞

問題　　次の文では、université「大学」が定冠詞単数 l',不定冠詞単数 une, 定冠詞複数 les と共に使われています。それぞれ何を示しているのか考えてみましょう。

1) ── C'est difficile, au Japon, d'entrer *à l'*université ?

　　── Oui, si on veut entrer *dans une* bonne.

　　　「日本で大学に入るのは難しいですか」

　　　「ええ、いい大学に入ろうとしたらね」

2) Tout ce qu'on apprend à faire *dans les* universités américaines, c'est à s'amuser... Voyez-moi* ça, des dance-parties chaque fin de semaine !（* 人称補語 me は命令形の後で moi になる。ここで使われている moi は文の基本的な構成要素ではなく、相手の関心を引くために用いる特殊用法）

　　　アメリカの大学で学ぶことといったら、せいぜい遊ぶことだけさ…　だって、ほら、週末はいつもダンスパーティーだし！

　1) の「大学」は特定できません。大学であればどこでもいいのです。互いを区別しない（＝**選択なし**）というのが〈定冠詞＋名詞〉の基本であったことを思い出しましょう。そして、すべての大学を同じものとして扱う総称的用法の場合、全メンバーを示す *les* universités〈定冠詞複数＋名詞〉、1 つを選択して結局どれも同じだということを示す *une* université〈不定冠詞単数＋名詞〉、どれも同じなら 1 つを選択するまでもなく初めから 1 つ扱いする *l'*université〈定冠詞単数＋名詞〉という 3 つの表現が可能です。これは次ページ右上のように図示されるのでしたね（p.22 参照）。

```
┌─────────────────────────────────────────────────┐
│        グループ内のすべてのメンバー = les N         │
│  ┌─┐┌─┐┌─┐┌─┐┌─┐┌─┐┌─┐┌─┐┌─┐              │
│  │N││N││N││N││N││N││N││N││N│……            │
│  └─┘└─┘└─┘└─┘└─┘└─┘└─┘└─┘└─┘              │
│  b) グループ内の選択なし → les N（メンバーそれぞれの個性は無視）│
│  c) グループ内から１つ選択 → un N（メンバーのどれをとっても同じ）│
│  d) １つの内から１つ（＝選択なし）→ le N（初めから１つとして扱う）│
└─────────────────────────────────────────────────┘
```

　もちろん、Tu fais du français depuis quand ? — Depuis que je suis entré à *l'université.*「いつからフランス語を勉強しているの？」「大学に入ってから」と言えば１つの大学に特定できますが、それは現実世界での話です。l'université が特定だと思ってしまうのは、言葉の世界を現実と混同してしまうことから生じる錯覚にすぎません。繰返しになりますが、定冠詞には「特定の（＝その）」という意味はないので注意しましょう。

　「よい大学」（une bonne université）も特定できません。しかし、bonne という「どんな」系の限定で他と区別され、「いろいろな大学のうちの１つ」なので〈不定冠詞単数＋名詞〉となります。

　2)の大学も特定できない大まかな話で、アメリカという限定があるだけです。しかし、言葉の上ではこの限定が明確な枠になり、9 課（p.43）で見たように複数 les universités américaines でイメージします。あくまで個々の大学の個性を認めた上で「どの大学でも学生は遊んでいる」と言っています。理論的には、純粋に総称的な les hommes ≒ l'homme（個性は捨象）とは違うのですが、あまり気にすることはありません（まったく「選択」の意識が入らない *à* l'université に対して「選択」がある *dans* une université, 複数の *dans* les universités の前置詞の違いに注意：à は抽象的、dans は具体的）。次の例も同じように説明できます。

3) La plupart des grands révolutionnaires ont fait de très brillantes études dans *les* universités bourgeoises.

　　大革命家の大部分はブルジョア大学で学び、とても好成績を収めている。

ところで、すべてのブルジョア大学で大革命家が学んだわけではありませんね。少しぐらい例外の大学があってもかまいません。9課（p.41）で見たように、たった1人（*un* Français ＝パスツール）の発見を *les* Français（＝フランス人全体）の手柄にしてもぜんぜん文句が出ないのと同じことです。

　こうしてみると、〈定冠詞＋名詞〉は特定どころか、「〜であればどれでもいい」という性質を持っていることがわかります。つまり、「特定（＝選択）することを避ける」ことさえできます。たとえば、次の例で le doigt, le coin は何を指しているでしょうか。

4）J'ai failli me couper *le* doigt.

　　　もう少しで指を切るところだった。

5）Elle s'est cognée contre *le* coin de la table.

　　　彼女はテーブルの角にぶつかってしまった。

　4）が伝える情報は「もう少しで指を切るところだった」であり、10本のうち何本の指かとか、どの指なのかということはどうでもいいのです。同様に5）では「テーブルの角にぶつかった」ことだけを伝えており、4つの角のうちのどれかは問題外です。もちろん、いくらでも話をややこしくすることはできるのですが、とりあえず4）5）の情報だけで充分というわけです。すなわち、定冠詞は余計な情報を言わないで済ます便利な手段なのです。

　次の例では、その手段をさらに便利に使っています。

6）Dans la situation où un chiffon fait office d'éponge pour effacer le tableau, un conférencier pourra demander à l'assistant : "Pourriez-vous me passer *l*'éponge ?" sans que son interlocuteur manifeste quelque surprise. Un emploi gestuel de "cette éponge" dans la même situation passe moins bien la rampe : "Pourriez-vous me passer *cette* éponge ?"

布きれが黒板消しとして使われている場所で講師がアシスタントに「黒板消しを取ってくれますか」と頼んだら、アシスタントは別に驚くことなく布きれを渡してくれるだろう。同じ状況で、布きれを示し「その黒板消しを取ってくれますか」と指示形容詞を使ったら、[相手は「えっ？ 黒板消しなんてないんだけど …」と一瞬迷い] すんなり通じるというわけにはいかない。

　l'éponge は「黒板消しならどれでもいい」どころか「黒板を消すことができるものならどれでもいい」という意味で使われていますね。それに対して、指示形容詞を使って「その黒板消し」と言えば、本物の黒板消しを期待していることになります。

　以上見てきたように、定冠詞には実にいい加減なところがあります。しかし、そのいい加減なことが許されるからこそ、言葉は柔軟性に富む優れた表現手段になるのではないでしょうか。

　次の7）は冠詞の研究者仲間でよく話題になる例です。ナンシー（Nancy）市郊外のスーパーの肉売り場で次のように書いてある張り紙が見られたそうです。そこには 6 人ほどの肉職人が働いているのですが…

7）Sonnez. *Le* boucher vous conseillera.

　　　ベルを鳴らしてください。肉職人がご相談に応じます。

　日本語では何の問題も生じませんが、フランス語だと「6 人もいるのに一体なぜ〈定冠詞単数＋名詞〉*Le* boucher なんだ？」と大騒ぎです。複数 *Les* bouchers だったら、包丁を持った 6 人に取り囲まれそうだし、不定冠詞単数 *Un* boucher だったら、「**選択**」が働いて「選り好み」しそうだし、「**除外**」も含む指示形容詞 *Ce* boucher だったら、他の 5 人を差別することになりそうだし…　だとすれば答は簡単：もうおなじみの「肉職人ならどれでもいい（＝**選択なし**）」定冠詞単数 *Le* boucher ですね。

11課　代表は不定冠詞で表す
— 非人称化か？　人称代名詞化か？

問題　次の文を訳してみましょう。少なくともふたとおりの読み方があ
ります。

1) Tous les vins de Californie ne valent pas *un* corton.

> 解釈1：「カリフォルニア・ワインをすべて合わせても、1本のコルトンに及ばない」
> 　　　（譲歩的）
> 解釈2：「カリフォルニア・ワインがすべてコルトンに匹敵するわけではない」
> 　　　（部分否定）

　ところで、この例で *un* corton は何を指しているのでしょうか？ 不定冠
詞単数は「すべてから1つを**選択する**」働きをもっていて、グループの
メンバーがそれぞれ個性を持っている（とりわけ名詞に「**どんな**」系の限
定がつく）場合と、それぞれの個性を捨象した総称的な場合とがありまし
たね。1) の *un* corton は後者で総称的に解釈され、次の図のように1本
ですべてのコルトンを代表しているということになります。

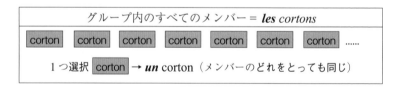

　次の2) はまさに「1人の女」で「すべての女」を代表させ、みんな同
じだと言っています。

48

2）**Quand on en a vu une*, on les a toutes** vues, pas vrai ?** *Une*
femme, c'est toujours la même chose [...] . (* en + une = une femme

**les + toutes = toutes les femmes)

女を1人見たら、全部見たも同然さ。違うかい？　女なんていつだって同じだよ。

　この〈不定冠詞単数＋名詞〉ですべてを代表させる言い方は、「〜とは
何か」を聞く疑問文 Qu'est-ce qu'*un*(*e*) ...?（話し言葉では Qu'est-ce que
c'est qu'*un*(*e*) ...?, さらに雑な話し方では *Un*(*e*) ..., c'est quoi ?）が原点
になっています。

3）［真っ赤な飲物を前にした吸血鬼親子の会話］

　　　— Dis maman, qu'est-ce que c'est qu'*un* vampire ?

　　　— Tais-toi et bois avant que ça coagule...

　　　「ねえ、ママ、吸血鬼ってなーに？」「黙って、固まらないうちにお飲み！」

4）［お祈りの最中、la Vierge Marie「聖母（処女）マリア」という表現を気にして、子供が
考えます］

　　Au fait, qu'est-ce que c'est qu'*une* vierge ? Jean dit que c'est une
　　femme qui n'a pas eu d'enfants. Mais la Sainte Vierge en a eu un.

　　　ところで、vierge（処女）ってなんだろう。ジャンに言わせると子供を産んだことのな
　　　い女ってことだけど、処女聖母様は1人産んでるしなあ。

　このように問われた場合、vampire や vierge に例外が出ないように答え
る必要があるわけですから、*un* vampire, *une* vierge は個々の違いを捨象
した代表的な「吸血鬼」「処女」ということになります。

　「Xって〜だ」と答えるときも当然、*Un* vampire, *c'est..., Une* vierge,
c'est... と不定冠詞を使います。次の 5）では「Xって〜するのかな？」と
いう疑問文が使われていますが、答で同じ名詞が繰返されているにもかか
わらず、*le* mouton ではなく *un* mouton が使われています。これも総称用
法の特徴の1つなので覚えておきましょう。

5) — *Un* mouton, s'il mange les arbustes, il mange aussi les fleurs ?

　　— *Un* mouton mange tout ce qu'il rencontre.

「羊って、小さい木を食べるってことだけど、花も食べちゃうの？」

「羊は手当り次第なんでも食べるよ」

　ついでに、il mange *les* arbustes（fleurs）の〈定冠詞複数＋名詞〉にも注目しましょう。これも総称的ですが、もちろん「すべての小さい木（花）を食べる」ことは不可能ですね。ふつう、具体的に食べる場合、manger *un* arbuste（*une* fleur）, manger *des* arbustes（*des* fleurs）のように不定冠詞を使いますが、これだと「すべての中から**選択する**（＝選り好みをする）」ことになってしまいます、そこで、「選り好みをしないで小さな木（花）ならおよそ何でも」という意味（＝**選択なし**）にするために *les* arbustes（*les* fleurs）〈定冠詞複数＋名詞〉にします。aimer *les* arbustes（fleurs）のように好き嫌いを表す表現でおなじみのパターンですね。

総称的な〈不定冠詞単数＋名詞〉→ il, elle

　5）にはもう1つおもしろい現象が見られますが、その前に4課（p.22）、5課（p.24）で見た**非人称化**のパターンを思い出しましょう。〈冠詞＋名詞〉が現実に存在するものを指す場合、数と性が明確になって人称代名詞 il(s)、elle(s) で受けざるを得ないことを逆手に取り、ce や ça で非人称化することで現実の個々のことではなく総称的用法であることを示す会話テクニックでしたね。

　ところが、5）では — *Un* mouton, s'*il* mange les arbustes, *il* mange aussi les fleurs ? — *Un* mouton mange tout ce qu'*il* rencontre. となっていて、総

称的な un mouton を徹底的に人称代名詞 il で受けています。この現象はフランス語研究者を悩ませた問題の1つですが、il で受ける場合は従属節（si ..., que ...）あるいは総称文を説明する文や節の中だということに注目しましょう。日本語訳を補った［　］内の意味を考えてみてください。

6) **Si <u>une femme</u> a du génie, on dit qu'*elle* est folle. Si <u>un homme</u> est fou, on dit qu'*il* a du génie.**

女性が天才的な場合、［その女は］頭がおかしい女だと言われ、男性の頭がおかしい場合は、［その男は］天才的な男だと言われる。

7) **Vraiment, <u>un secret</u> est une chose terrible ; on a beau *le* cacher, *il* finit toujours par être dévoilé.**

全く、秘密というのは恐ろしいものだ。［その秘密を］いくら隠そうとしても無駄な努力で、［その秘密は］最後には明るみに出てしまう。

8) **A quoi pense <u>une fille</u> quand *elle* regarde un garçon ?**

女っ子って、［その女の子が］男の子を見る時、どんなこと考えるだろう？

9) **Même si *elle* n'est pas parfaite, <u>une initiative</u> de ce genre est toujours bonne.**

［そのイニシアチブが］完璧ではないとしても、この種のイニシアチブはやはりよいものなのだ。

　答は簡単ですね。6) の elle, il は総称的に取り上げた（＝**選択**した）une femme, un homme を再び取り上げているのです。この場合、ほかの femme, homme が**除外**され、指示形容詞を使った *cette* femme, *cet* homme になりますが、フランス語では同じ名詞を繰り返さず人称代名詞化するので、elle, il というわけです。7) 8) 9) の例文もまったく同じように説明できます。

　〈冠詞＋名詞〉の直後に〈c'est＋形容詞〉や〈ça＋動詞〉を続けて非人称化を行ない総称的であることを明確にするのは、話し言葉に特有の使い勝手のよい方便であり、マージナルな現象ということになりそうです。

12課　不定冠詞単数の訳し方（1）
— 代表としての〈un(e)＋名詞〉再考

（問題）　次の文には〈定冠詞単数＋名詞〉と〈不定冠詞単数＋名詞〉の両
方が総称的に使われています。何か違いがあるのでしょうか。

1） *Le* cheval ne court pas, il galope ; *un* cheval qui court est un cheval
qui fait une course.

> 「馬が走る」と言う時は courir は使わず galoper を使う（←馬は走る courir のではなく
> ギャロップする galoper のだ）。[フランス語で]「走る馬」というと競走馬（レースを
> 走る馬）を指す。

　この文例を見つけた時、敬愛する歌手ジョルジュ・ブラサンス Georges
Brassens の *Le petit cheval* を思い起こしました。私の解釈が正しければ、
走って、走って、走りまくって、ある日、雷に撃たれて死んでしまう健気
な馬を歌った切ないシャンソンです。競走馬ではなく田舎の村で暮らす馬
の話のようなので、念のため歌詞を読み直しましたが、確かに courir は
使われていません。というより、galoper をはじめとして「走る」を意味
する動詞がぜんぜん使われていません。にもかかわらずひたすら懸命に走
るイメージがわき上がります。言葉と音楽の力の凄さを思わざるを得ませ
ん。

　おっと、思わず脱線してしまいました。話を文例に戻しましょう。

〈定冠詞単数＋名詞〉は動植物種を集合的に表し、この場合「馬」全体を
示す。それに対し、〈不定冠詞単数＋名詞〉に「どんな」系の限定（qui
court）がつくと「いろいろな現れの１つ」で un(e) と相性がよくなる。そ
して、さらにそれが「走る馬とは〜のことだ」と総称的に使われている。

　それぞれ個性のある**すべての馬** *les* chevaux を**均質化**して、*le* cheval とし、再区分していろいろな種類の馬に分けます。そこから、1つ（*un* cheval qui court）を取り出し（**選択**し）、その種類の馬**すべて**（*les* chevaux qui courent）を1つで**代表**させて *un* cheval qui court を総称的に使います。一見複雑そうですが、今まで使ってきた説明概念だけで済むのです。表にまとめると次のようになるでしょう。

les chevaux	すべて	N1	N2	N3	N4	N5	N6	N7	N8 ...
le cheval	均質化	N							
un cheval qui ...	いろいろな種類に分割	N＋α1	N＋α2	N＋α3	N＋α4	N＋α5			
un cheval qui court	1種類を選択	N＋α1	N＋α2	N＋α3	N＋α4	N＋α5			
les chevaux qui courent	その種類の馬すべて	Nα3-1	Nα3-2	Nα3-3	Nα3-4	Nα3-5			
un cheval qui court	その中の1つで代表させる	Nα3							

〈不定冠詞単数＋名詞〉の訳し方

　ところで、「Xって〜だ」は「〜でなければXとはいえない」に通じます。したがって、〈不定冠詞単数＋名詞〉はしばしば「Xというのは〜するものだ／するものではない」というニュアンスを持つ文に登場します。

2）Remarque que je ne te demande pas de confidences ! *Une* fille ne raconte pas ces choses-là à sa mère !

> あのね、打明け話をしてくれっていうわけじゃないのよ。女の子ってそういうことを母親に話すものじゃないから。

3）*Un* chien doit avoir un rôle : celui de Jiva* est de m'accompagner partout. Tout de suite, j'ai été** très dur avec elle*, trop peut-être, mais il fallait que je sois le maître ; il ne faut pas oublier que c'est

un animal, et *un* animal, on doit le contrôler !

（* Jiva は雌なので強勢形は elle　** この場合、être dur は性質ではなく態度を示す。「厳しい態度を取った」という意味なので複合過去 a été）

犬ってのは役目をもらう必要があるんだ。ジヴァの役目はどこにでも僕についてくること。僕ははじめからジヴァには厳しくした。厳しすぎたかも。でも、僕のほうが主人だということを覚え込ませる必要があったからね。犬が動物だということを忘れちゃいけない。そして、動物ってのは言いつけを守るようにさせなきゃいけないんだ。

「～するものだ / するものではない」は次の文例のように on と〈不定冠詞単数＋名詞〉の組合わせでも表せます。on は総称的な主語代名詞として位置づけられることを思い出しましょう（p.32 の表参照）。

4）*On* ne prend pas *une* décision grave à l'aveuglette.

よく考えもせずに重大な決定を下すものではない。

5）*On* ne retire pas ses enfants à *une* jeune femme sans motifs graves.

よっぽど重大な理由がない限り、若い女性から子供たちを取りあげるなんてことはしないものだ。

〈不定冠詞単数＋名詞〉の「Xって～するものだ」からは、さらに「Xだったら～」というニュアンスも生れます。

6）［女の子とは反対に、男の子は周囲から次のように言われる］

« *Un* homme ne demande pas qu'on l'embrasse... *Un* homme ne se regarde pas dans les glaces... *Un* homme ne pleure pas » […]. **On veut qu'il soit « un petit homme » ; c'est en s'affranchissant des adultes qu'il obtiendra leur suffrage.**

「男だったらチューしてなんて言うんじゃない… 男だったら鏡なんか見るんじゃない… 男だったら泣くんじゃない…」［…］「小さいながらも男」であることが要求されるわけだ。男の子は大人たちから独立して初めて大人たちに認めてもらえるのである。

7）［アルバムを拾った人は連絡して欲しいというニノの張り紙を見てウジウジしているアメ
リ。その姿をスクリーンに映しながらナレーションが入る］

***Une* fille normale prendrait le risque de l'appeler tout de suite. Elle lui donnerait rendez-vous à une terrasse pour lui rendre son album, et en quelques minutes, elle saurait si ça vaut le coup de continuer à rêver ou non.**

普通の娘だったら、思い切ってすぐに電話するところだ。アルバムを返すと言ってテラ
スで男と待ち合わせすれば、夢を見続けるだけの価値がある相手かどうか数分で結論が
出るだろう。

　7）では、内気で風変わりなアメリ（＝現実）の代わりに Une fille normale（＝ここでは反現実でしかも総称的）を主語とすることによって、「普通の娘だったら誰でも〜するところだが」という**総称仮定文**を成立させています。文中の prendrait, donnerait, saurait はそれぞれ prendre, donner, savoir の条件法ですね。これも〈不定冠詞単数＋名詞〉を活用する手段の1つなので、単純な例を2つ挙げておきましょう。

8）***Un* vrai professionnel n'aurait pas agi ainsi.**

本当のプロだったら、あんなふうに振る舞わなかっただろう。

9）***Un* vrai professionnel n'aurait pas fait mieux.**

本当のプロだって、（あれより）上手にはできなかっただろう。

　ここでも、主語の位置にある *Un* vrai professionnel が反現実の仮定条件を提示すると同時に総称性「プロであれば誰でも」の意味合いを出しています。ただし、主語と述部の意味関係により、「Xだったら〜だろう」と「Xだって〜だろう」と訳し分ける必要があるので注意しましょう。

13課　不定冠詞単数の訳し方 (2)
— 多彩なニュアンス

問題 次の文の裏に隠されている発話者の意図を考えてみましょう。

1) L'idée qu'*un* « jeune » puisse* être gaulliste le faisait se tordre. «Faf », passe encore ; mais gaulliste à vingt ans ?　(* pouvoir の接続法)

　「若者」のくせにドゴール主義者だなんてと考えて、彼は腹の皮がよじれるほど笑っていた。「ファッショ」ならまだしも、20歳でドゴール主義者だって？

2) *Une* bonne dactylo ne fait pas nécessairement une secrétaire compétente.

　優秀なタイピストだからといって有能な秘書になるとはかぎらない。

3) *Un* universitaire qui déteste vraiment les media, ça n'existe pas.

　本当にメディアが嫌いな大学人なんていやしませんよ。

4) C'est débile ! C'est* pas d'la** peinture ! *Un* môme de 4 ans, il en f'rait** autant, hé !

　(* C'est pas = Ce n'est pas：会話では往々にして否定の ne (n') が落ちる。** d' la = de la, f'rait = ferait：会話で母音的要素が完全に消える場合、〈'〉で表す。小説やシナリオでこのような表記があったら、ぞんざいな言葉づかいだということを示すと考えてよい)

　これじゃ幼稚すぎて、絵なんてもんじゃねーよ。4歳のガキだってこのぐらい描くっつーの！

　1) un « jeune » peut être gaulliste「若者はドゴール主義者でありえる」というのは、発話者にとって意外な事実です。つまり、この言い方の裏には Un jeune ne peut être gaulliste.「若者だったらドゴール主義者になるということはありえない」という一般論が隠れているのです。したがって、「若者なのに / 若者でありながら〜なのか！」という感じなのですが、さらに軽蔑的な響きを強めて「若者のくせに〜なんて！」を採用します。

2）では Les bonnes dactylos sont généralememt des secrétaires compétentes.「優れたタイピストはたいてい有能な秘書である」という常識に対して部分否定 pas nécessairement「〜とは限らない」による制限を加えています。もちろん「優れたタイピストが有能な秘書とは限らない」で充分ですが、訳例では「優れたタイピストだからといって」のように常識との対立を強調しています。

3）は、定冠詞複数を使って Les universitaires qui détestent vraiment les media n'existent pas.「本当にメディアが嫌いな大学人は存在しない」と言うこともできますが、不定冠詞単数なら「〜なんているわけない」というメディアに取り入ろうとする大学人への皮肉になります。「〜だって？そんなものいるわけないじゃないか」という訳も可能でしょう。

4）は〈un(e) ＋名詞＋条件法〉になっています。12 課（p.55）の最後で説明した**総称仮定文**ですね。あきれた気持ちが譲歩的なニュアンスに込められているので、「4 歳の子供でさえ / でも / だって同じことができるだろう」のように訳します。

上のように解釈にこだわってみると、〈un (e) ＋名詞〉による総称文には何か発話者の主観的な思いが込められている場合が多いように感じます。

もちろん、単語を定義したり物を説明する次のような総称文は逆に極めて客観的ですから、ますます言葉の柔軟さに驚かされますね。

5）*Un* portefeuille est un étui qu'on porte avec soi, où l'on range certains papiers, billets de banque.

　　財布は、常に携帯し、証明書類やお札を入れておく小さな入れ物である。

6）*Un* oiseau a la tête terminée par un bec et le corps couvert de plumes.

　　鳥は、頭部の先端にくちばしがあり、身体が羽毛で覆われている。

7）*Un* libraire est un commerçant qui vend des livres, des revues et, quelquefois, des journaux.

本屋さんは、本や雑誌、それに時には新聞も売る店の主<ruby>主<rt>あるじ</rt></ruby>である。

ところで、今まで繰り返し述べてきましたが、2）*Une* bonne dactylo「優秀なタイピスト」、3）*Un* universitaire qui déteste les media「メディアが嫌いな大学人」、4）*Un* môme de 4 ans「4歳のガキ」のように「どんな」系の限定がある場合、〈un（e）＋名詞〉の形が出やすくなります。このような他と区別する表現があると必然的に「いろいろあるうちの1つ」ということになるのでしたね。

　主語に限定が加えられていない場合でも、総称文中に出来事の状況を説明する quand... などの表現がある時は、他と区別する個別的なニュアンスが出て〈un（e）＋名詞〉の形が自然に感じられるようです。

8）*Une* femme, quand elle est intelligente, quand elle sait ce qu'elle veut, elle s'en tire.

女というのは、頭がよくしっかりしていれば、何とかやっていくものだ。

9）*Un* enseignant est estimable quand il est efficace.

教員というのは結果を出してこそ評価されるものだ。

　8）は Une femme *intelligente*（＝ Une femme, quand elle est intelligente）s'en tire.「頭がいい女は何とかやる」、9）は Un enseignant *efficace*（＝ Un enseignant... quand il est efficace）est estimable.「結果を出せる教員は評価が高い」で、結局「どんな」系なので不定冠詞と相性がよくなります。

　また、1つの状況（quand で表す）から、すべての状況（toujours で表す）に範囲が広がっても同じです。結局、1つ1つの状況が問題なのですから。

10）*Une* fille a toujours besoin de sa mère.

娘というのはいつだって母親を必要とするものだ。

11）*Un* gauchiste a toujours raison.

極左主義者の言うことはいつでも正しい。

12）*Un* accident peut toujours arriver !

　　　事故というのはいつ起ってもおかしくないんだよ！

「アラブ人はアラブ人で、フランス人はフランス人だ」

　一見当たり前のことでも、一国の大統領の口から出た時は油断なりません。上の標題は 60 年ほど前にシャルル・ドゴールが言った言葉で、フランス語では 13）になります。

13）*Les* Arabes sont *les* Arabes, *les* Français sont les Français.

14）*Un* Français est *un* Français.　　フランス人はフランス人だ。

　9 課（p.40）の「『宇宙飛行士の謎』を解く」で見たように、国家を意識した場合、*les* Américains, *les* Français のように〈定冠詞複数＋名詞〉になるのでしたね。アラブあるいはイスラムの血がフランス国内に浸透していくことへの拒否が強烈に伝わってきます。しかし、14）のように言ったらどうでしょうか。もちろん、〈不定冠詞単数＋名詞〉は今までずっと検証してきたように様々なニュアンスを表せるのですが、国家の影は薄くなり「フランス国籍を持っていれば、あるいはフランスで長く暮らしているなどしていれば、出身がどうであれフランス人であることには変わりない」という主張にもなりえます。最後に、「A は A だ」という文をいくつか紹介しておきます。多彩な名詞限定辞（定冠詞複数、不定冠詞単数、定冠詞単数）に注目です。

15）*Les* affaires sont *les* affaires.

　　　　ビジネスはビジネスだ。

16）［投票の結果］— **Quatre contre trois.**

　　　　— **Ça fait juste.**

　　　　— ***Une* majorité est *une* majorité.**

　　　「4 対 3 だ」「接戦だな」「（でも）多数は多数だろ」

17）*L'*argent est *l'*argent, quelles que soient les mains où il se trouve.

　　　金は金だ。金が誰の手に握られているかは関係ない。

14課 「選択」「除外」の総称は指示形容詞
—「コリー」から「この種の犬」へ

[問題] 次の文で *Le* colley と *Ce* chien は同じものを指していますが、〈定冠詞＋名詞〉と〈指示形容詞＋名詞〉の違いは何でしょうか。

1) *Le* **colley** n'est heureux qu'à l'ombre de son maître ou des siens. [...] *Ce* **chien** aime les enfants, qu'il surveille consciencieusement.

> コリーは自分の主人あるいはその家族に寄添うようにして初めて幸せな気分になるのである。[…] この種類の犬 * は子供好きで、けなげに子供たちを見守ってくれる。

> (* 実際に翻訳するときは単に「コリーは」とすべきところですが、説明の都合上直訳しています)

〈定冠詞単数＋名詞〉*Le* colley はすべてのコリーを均質化して、個々の違いを捨象するおなじみのパターンです。他方、〈指示形容詞単数＋名詞〉はすべてのメンバーから 1 つを選択し、さらに他のメンバーを除外する働きがありました。しかし、ここでは総称的に使われていますね。**選択・除外**なのに総称的というのはどういうことでしょうか。コリーはもちろんいろいろある犬の種類のうちの 1 つですが、le colley と言っている限り他の種類の犬のことは意識しません。他の犬との比較は考慮外です。そこで、「他の種類の犬はいざ知らずコリーは…」と言いたい場合に *ce chien* を使い、一旦「すべての種類の犬」の枠の中にコリーを戻し、その中から改めてコリーを選択し、さらに他の犬種を除外するという手続きをとります。

les colleys	すべて	col1 col2 col3 col4 col5 col6 col7 …
le colley	均質化	Colley

les chiens	すべての種類の犬	chi1 chi2 chi3 chi4 chi5 chi6 chi7 ...
（un groupe de chiens）	1種類（＝コリー）を選択	chi1 chi2 chi3 chi4 chi5 chi6 chi7 ... chi5 ＝ *le* colly
ce chien	他の犬種を除外	~~chi1~~ ~~chi2~~ ~~chi3~~ ~~chi4~~ chi5 ~~chi6~~ ~~chi7~~ ... *ce* chien （le colly）≠ les autres

　犬のように大きな集団がいくつかの下位グループに分かれる場合、ある1つの下位グループを総称する時に2つの表現手段があります。すなわちその独自の名称を使って *le colley* のように〈定冠詞＋名詞〉の形にするか、あるいはもとの大きなグループの名称を使って *ce chien* のように〈指示形容詞＋名詞〉の形にするか、のどちらかです。

2）J'ai acheté une Renault parce que *ces* voitures sont sûres.

　　ルノー車を買いました。ルノー車は安心ですからね。

　ここでは les Renault sont sûres と言ってもいいところですが、やはり「他車とは違って」というニュアンスが感じられます。日本語では「これらの車」とは言いにくいので、「ルノー車」としか訳せませんね。フランス語ではこのような言い換えができるので、〈指示形容詞＋名詞〉は同じ名詞の反復を避ける手段にもなっています。

les voitures	すべての車	車1 車2 車3 車4 車5 車6 車7 ...
les Renault	すべてのルノー	Renault 1　Renault 2　Renault 3
	すべての車からルノー車を選択	車1 車2 Ren1 Ren2 Ren3 車6 車7 ...
ces voitures	他車を除外	~~車1~~ ~~車2~~ Ren1 Ren2 Ren3 ~~車6~~ ~~車7~~ ... *ces* voiture（*les* Renault）≠les autres

61

次の例では個別的な son choix から総称的な ces choix に変わります。

3）Il est parti chez ses parents pour être tranquille. Il n'a pas laissé d'adresse, c'est *son* choix. Il faut respecter ces choix-là.

> あの人は両親の所へ行ったのよ。他人に何やかやうるさいことを言われたくないから。
> アドレスは置いていかなかった、それがあの人の選択。そういう選択は大切にしてあげ
> なきゃ。

このように1つの具体的な事柄を基にして似たような事柄をすべて含ませる ces...「そのような〜」という総称的用法もよく見られます。

les choix	すべてのチョイス	cho1 cho2 cho3 cho4 cho5 cho6 …
son choix ↓ ces choix	彼のチョイス ↓ 同じようなチョイスを選択して他を除外	son choix ↓ ~~cho1~~ ~~cho2~~ cho3 cho4 ~~cho5~~ ~~cho6~~ …
	同じようなチョイスすべて	cho3 cho4 … *ces* choix

〈指示形容詞＋名詞〉≒〈c'est ＋不定冠詞＋名詞〉

今まで何度も c'est... の問題を扱ってきました（4課：総称の〈定冠詞複数＋名詞〉→〈c'est ＋形容詞〉、5課：ce（c'）と ça による非人称化、6課：「コト」的なものを受ける c'est...、7課：〈c'est un ... 〉vs〈il（elle）est...〉)。最後に次のような言い換えを考えてみましょう。

4）Tout le monde dit que ₐ) *c'est* une bonne bibliothèque / ᵦ) *cette* bibliothèque *est* bien.

> 「それはいい図書館だ / その図書館はいいよ」とみんなが言っている。

5）ₐ) *C'est* un outil pratique / ᵦ) *Cet* outil *est* pratique.

> これは便利な道具だ / この道具は便利だ。

6) a) *C'est* une chambre charmante / b) Elle *est* charmante, *cette* chambre.

これはチャーミングな部屋だ / チャーミングだね、この部屋。

　各文の a）については「選択」のみで「多くの図書館［道具 / 部屋］のうちのたまたま良い［便利な / チャーミングな］図書館［道具 / 部屋］だ」であるのに対し、b）については指示形容詞による「除外」が加わります。「他の図書館［道具 / 部屋］はいざ知らず、この図書館［道具 / 部屋］は良い［便利だ / チャーミングだ］」という微妙な違いがでますが、それはあくまで理論上のことで、事実上は全く同じように使うことができます。

　また、6）を見ると、7課（p.32-35）で考察した〈il（elle）est ＋ 形容詞〉＝〈C'est ＋ 冠詞 ＋ 名詞〉のパターンが、人だけでなくモノにも当てはまるということがわかります。また、この文例にはなぜ〈il（elle）est ＋ 冠詞 ＋ 名詞〉が嫌われる傾向があるかを説明する鍵があります。6）の a）と b）を足して 2 で割ると、*Elle*（= Cette chambre）est une chambre charmante. ができそうですが、chambre が重なってあまりにも不細工です。実際はこんな極端なことにはならないと思いますが、何となく避けたくなるのではないでしょうか。

　7）8）でも、先行する〈指示形容詞 ＋ 名詞〉と〈冠詞 ＋ 名詞〉を直接 être で結ばず、いったん ce（= c'）で受け直して距離を置いた形にしています。

7) Et cette écriture, *c'est* une écriture toute ronde, presque une écriture d'adolescente...

そして、書かれた文字はまるまっちい文字で、まるで少女が書きそうな文字だった…

8) Les voitures ne passent pas dans cette rue car *c'est* une rue piétonne.

その通りでは車は走らない。歩行者専用の通りだからだ。

何もなかった昔…　何でもある今…

　暗くなった映画館内の最前列で、何かゴソゴソやっている大学生がいました。1960 年代中頃の話です。よく見るとテープレコーダーを抱えています。テープレコーダーといっても、まだカセット式もない時代で、大きなオープンリール式でした。その大学生はこれまた大きなマイクをスクリーンのほうに突き出し、映画の音声を録音しているのでした。フランス語を学び始めた彼は "本物の" フランス語に飢えていたのです。

　1960 年代というのは、外国語を専門とする最先端の大学でようやく LL（ランゲージ・ラボラトリー）による学習システムが導入された時代です。その LL でフランス人が吹き込んだ音声教材を使って勉強していたのですが、何となく不自然…

　その大学生はそんなわけで映画館にテープレコーダーを持ち込み、たくさんのフランス映画を録音しました。

- クロード・シャブロル Claude Chabrol の『いとこ同士 *Les Cousins*』（1959）
- フランソワ・トリュフォー François Truffaut の『大人は判ってくれない *Les Quatre Cents Coups*』（1959）や『柔らかい肌 *La Peau douce*』（1964）
- ルネ・クレマン René Clément の『太陽がいっぱい *Plein soleil*』（1960）
- ロジェ・ヴァディム Roger Vadim の『輪舞 *La Ronde*』（1964）
- クロード・ルルーシュ Claude Lelouch の『男と女 *Un homme et une femme*』（1966）などなど…

　えっ？「それがフランス語習得に役立ったか」ですって？「もちろん」と言いたいところですが、やはり "本物の" フランス語には歯が立ちませんでしたね。フランス語のシナリオも入手できないし…　自分でフランス語に起こそうとやってみましたが、すぐ挫折しました。

　それでいながら、映画ばかり観ていると学校では習わない « Merde ! »（くそっ！）とか « Salaud ! »（げす野郎！）とかの "汚い" 言葉だけはすぐ

覚えるんですね。会話の授業中、得意気に « Je préfère être un con qu'un salaud. » みたいなことを言ったら、フランス人の先生が教壇で飛び上がり怒鳴りました。「いったい、どこでそんな単語を覚えたんだ！」

　私としては「狡いことをして得をするよりは、損をしても愚直であるほうがいい」という極めてまじめな主張をしたつもりだったのですが、先生にとっては不愉快極まる発言だったようです。

　そんな目に遭いながらもあきらめきれず、テープ音声を聞きながら寝るようにしました。結局、これは実にいい子守歌になりました。朝起きてみると、テープはきれいに最後まで回っているのに、フランス語はまったく耳に残っていないのです。ただ、50 年後の今も続いているフランス語を聞きながら寝る習慣のおかげで、一度も眠れぬ夜を過ごしたことがありません。

　それに引き替え、今の外国語学習者の何と恵まれていることか！

　活字の資料はもちろん、音声資料もいくらでも手に入ります。それどころか、50 年前の学生にとって夢のまた夢だった映像録画も可能になりました。

　そこで、そのような恩恵にあずからなかった私としては、羨望の念と、現在の学習環境を充分に活用しきれていないことへの焦れったさを込めて、映像資料の利用について少し述べます。

日本のアニメや映画をフランス語音声やフランス語字幕の DVD で楽しむ

　私はアニメにはうといのですが、『千と千尋の神隠し Le Voyage de Chihiro』は日本で購入したにもかかわらず、音声と字幕のどちらも日本語とフランス語の両方が選択できます。ただし、フランス語字幕は日本語音声の翻訳であり、フランス語音声とはほとんど一致しません。したがって、フランス語が聞き取れない場合、必ずしも正解を与えてくれません。

自分の好きな外国映画をフランス語音声やフランス語字幕で楽しむ

　あなたが映画好きなら、たとえばアカデミー賞を取った作品をフランス語で観るのもいいでしょう。ただし、フランスで発売されている外国（日本）映画を購入した場合、ふつうのプレーヤーでは観ることができず、パソコン

などで楽しむことになります。そして、フランス人にとっての外国映画はみなそうですが、フランス語吹き替え（VF = version française）で字幕なしと、原語でフランス語字幕付き（VOSTFR = version originale, sous-titre français）のどちらかで、音声と字幕は自由に選択できないことが多いので注意しましょう。

アメリカの人気ＴＶシリーズをフランス語音声・フランス語字幕で楽しむ

　日本でもアメリカの様々な人気ＴＶシリーズを観ることができますが、そのほとんどがヨーロッパでも人気のようです。フランス語版を購入すると、音声は英語とフランス語、字幕は 10 数カ国語の中から選べます。少なくとも、英語とフランス語の両方をマスターしようと思う人にお勧めのパターンです。

フランス語国際放送 TV5MONDE（JAPON）を観る

　フランス語のニュース、討論番組、映画やフィクション、クイズ番組やグルメ番組が 24 時間ライブ放送で観ることができます。ベルギー、カナダ、スイスの放送局も参加して、多彩な内容です。字幕付きの放送も多く、番組によってはフランス語・日本語だけでなく韓国語・英語も選べるようになっています。映画やフィクションも字幕が選択できて、しかも上に述べた市販のDVD よりも音声に忠実な字幕になっています。残念ながら、私の大好きな討論番組にはあまり字幕がありません。しかし、とりわけドキュメンタリーなど教養・実用番組のフランス語字幕はフランス語音声に忠実なので、様々な知識を得ながら同時にフランス語の聞き取り能力を高める優れものと言えるでしょう。

日本の漫画をフランス語で読む

　フランスでは日本の漫画も大変な人気で、たくさん翻訳されています。絵があるので会話の状況がよくわかり、あまり単語の意味や文法にこだわらないでフランス語に親しむことができます。

2章
分詞構文とジェロンディフの徹底検証

文は〈主語＋動詞（＋補語）〉で成立しますが、その他、〈前置詞＋名詞〉や従属節などで必要な情報を加えます。sur...「～の上に」「～について」や parce que...「～だから」のように目に見える要素は、比較的簡単に理解できます。しかし、いきなり Enfant,... とか ..., les pantalons retroussés. とか、〈主語＋動詞（＋補語）〉として位置づけることのできない要素が出てくると、どう解釈していいか迷うことがあります。本章では、これらすべてを現在分詞・ジェロンディフ構文の中に含め、さらに現在分詞とジェロンディフにはどのような違いがあるのかを徹底的に検証します。現在分詞は「静」、ジェロンディフは「動」という基本的な性質があること、〈en ＋現在分詞〉の en のおかげでジェロンディフが非常に多彩な働きをすること、などを実感してください。

1課　限定辞ゼロ
— 空白に意味あり？

[問題]　次の文では主語の位置にある名詞群には冠詞などの限定辞があります。これはどういうことでしょうか。

1) ［第1次世界大戦が終った1918年11月11日の記録］

***Civils* et *militaires, hommes* et *femmes, jeunes* et *vieux* chantaient, s'embrassaient, pleuraient ou se rembrassaient. On riait, on hurlait « Vive la France ! ».**

> 一般市民も軍人も、老若男女を問わず、歌ったり、抱擁しあったり、泣いたり、あるいはまた再び抱擁しあったりしていた。みんな笑っていた、みんな叫んでいた、「フランス万歳！」と。

ここで明らかなのは、名詞が et で結ばれ、しかも civil「一般市民」と militaire「軍人」、homme「男」と femme「女」、jeune「若者」と vieux「老人」がそれぞれ対照的な意味をもっていることです。このようにペアになった2つの名詞は互いを規定し合って、余計な限定を必要としないことがあるようです［次ページの 2) 4) 5) も参照］。また、文の意味から考えると、市民、軍人、男、女、若者、老人が互いに隔てなく一体になっています。このように、限定辞ゼロは、本来異なる枠の中に存在するものの枠を取払って一体感を表現しています。

男 男 男 男 男 男 *les* hommes	女 女 女 女 女 女 *les* femmes
男 女 男 女 男 女 男 女 男 女 男 女 *hommes* et *femmes*	

したがって、この種の用法では名詞が1つだけでは使えません。ペアにして「老いも若きも」、あるいは列挙して「老若男女がこぞって」など

68

のニュアンスを出すことが多いと言えます。次の 5 例で再確認しておき
ましょう。

2）**Apportant tous ses soins à la qualité du personnel, Richelieu
organisa* des écoles de canonnage pour les matelots et des écoles
d'hydrographie pour les officiers, où se côtoyaient *nobles* et
roturiers.** (*organiser の単純過去)

> リシュリューは、フランスに仕える者たちの資質向上に心血を注ぎ、水夫向けに砲術学
> 校、士官向けに水路測量学校を作ったが、これらの学校は貴族も平民も肩を並べて学ぶ
> ものであった。

3）［いろいろプレッシャーを受けている高校生の話］

> **Du matin au soir, *appels, ordres, reproches, requêtes, prières*, lui
> éclatent douloureusement aux oreilles.**

> 朝から晩まで、呼びかける声、命令する声、叱る声、せっつく声、哀願する声が、痛い
> ほど耳に響いてくるのだ。

4）**Les femmes entendent concilier *vie privée* et *vie professionnelle* sans
renoncer à plaire.**

> 女性たちは魅力的であることを断念することなく私生活と職業生活を両立させようとし
> ているのである。

5）**Louis XIII n'avait pour Buckingham que *haine* et *mépris*.**

> ルイ 13 世のバッキンガム公に対する気持は憎悪と軽蔑でしかなかった。

6）**Mon père *promet* toujours *monts* et *merveilles*, il ne donne jamais
rien.**

> 父はいつもすごい約束するけど、（結局）何もくれやしない。

　動詞の直接補語も完全に名詞として使われる例が多いわけですが、4）
5）で明らかなように限定辞ゼロを使用するときの原理は同じです。6）の
promettre monts et merveilles のように成句になったものさえありますが、
いずれにしても 2 つ以上の名詞を並べる必要があるので、avoir mal「痛
い」、faire peur「怖がらせる」などの成句とは明確に区別できます。

無冠詞名詞でちょっとしたコメントを！

　他の名詞に並べて同格として使う場合も、ふつう冠詞などをつけません。ここで「ふつう」というのは、Paris, [la] capitale de la France「フランスの首都パリ」のようにメインの名詞 Paris に補助的な情報 capitale de la France を追加する場合です。もう 1 つ例を挙げます。

7）**Elle bavardait avec un homme jeune, souriant, sportif, *l'instituteur*.**

　　彼女はほほえみを浮べたスポーツマンタイプの若々しい男性と話していた。小学校の先生だった。

　l' instituteur の定冠詞は「小学校の先生はほかにもたくさんいるが、この場で instituteur と言えば彼しかいない」という共通認識を示しています。

　名詞の隣に無冠詞名詞が並んでいる場合はわかりやすいのですが、問題は次のように限定辞ゼロが唐突に出てくるときです。

8）***Destin* de nombreux couvents parisiens pendant la Terreur, les bâtiments servirent* alors de prisons pour femmes.** (*servir の単純過去)

　　恐怖政治時代にパリの多くの修道院が辿った運命なのだが、当時、建物は女子刑務所として使われることになった。

9）**Quand la Reine vint* lui rendre visite au Palais-Cardinal** — *faveur* absolument extraordinaire — il ne se leva* pas à son entrée.**

　　（* vint は venir, se leva は se lever のそれぞれ単純過去　** 現在のパレ＝ロワイヤル）

　　王妃がパレ＝カルディナルまで訪ねてきたとき――これは臣下に対する実に破格の厚情の証だったのだが――彼は起立して迎えることをしなかった。

10）**Elle portait un ensemble rouge, *fait* peu commun pour une étudiante.**

　　彼女は――女学生にはあまり見られないことだったが――服装を赤で統一していた。

　8）は文頭、9）は文中、10）は文末と位置は様々ですが、〈 , 〉や〈 —— 〉によって他の部分から分離されています。このように文を構成する要素（主語、動詞や形容詞の補語、前置詞句など）に当てはめることができない無

冠詞名詞に出会ったら、たいていは文全体をコメントする働きをしていると考えていいでしょう。

　この種の無冠詞名詞は、次のように独立させて文の外に出すことができる、つまり文の構成に参加していないことになります。

11）**Au bout de deux ou trois pages, il s'endort et bave sur le livre.** *Programme* **habituel, qui se répète chaque soir.**

　　２，３ページ読み進むと、彼は眠り込んで本の上によだれを垂らす。毎度おなじみの展開で、これが毎晩繰り返されるのだ。

　また、次の例では２つの文を関係づける働きをしています。

12）**Ton père sera furieux.** *Résultat* **: nous allons passer un été horrible.**

　　お父さん、カンカンになるよ。その結果、ひどい夏を過すことになる。

13）**«Alors, tu vois ?»** *Traduction* **: Mathilde a tort de se faire du mauvais sang.**

　　「だから、わかるだろ？」（この発言の真意は）つまり（←翻訳は）、マティルドがあれこれ気を揉むのは間違ってる、ってことだ。

　12）では前の文が前提となり、後の文がその結果を示しています。また、13）では後の文が前の文に込められた意味を解説しています。8）〜 11）の文のコメントの例とは違い、無冠詞名詞 résultat, traduction は２つの文を結びつける接続詞的な役割を果しCreateしていますね。

　この他に、Conclusion : ...「その結論は〜である」、Leçon tirée : ...「そこから引出される教えは〜である」、Moralité : ...「その教訓は〜である」などがあり、ふつうは後ろに〈 : 〉を添えて、結論内容を表す文を続けます。

2課 「はぐれ要素」は分詞構文だ
— étant, ayant の省略

[問題] 次の文で Petite fille は一見主語の je と同格のように見えます。しかし、「小さな女の子の私はとてもひよわであった」という日本語訳にはやや違和感を覚えます。どう訳したらいいでしょうか。

1) *Petite fille*, j'étais de santé très fragile.

この Petite fille はもちろん文のコメントではないし、主語に従属する同格でもありません。むしろ、aujourd'hui とか à cette époque-là など文全体を位置づける補助的情報で、「私が病弱であった時期（≒ Quand j'étais petite fille）」を表しています。したがって、1) は「少女時代、私はとてもひよわであった」のように解釈するのがよいと思います。

このように名詞が「はぐれ要素」になる時、enfant や adulte、あるいは étudiant や président といった「人生の一時期の状態」を表す名詞の場合が多く、文の表す事柄がどの時期のことであるかを示す働きをします。

2) Autant, *enfant*, il avait été sage et obéissant, autant, *adulte*, il serait turbulent et têtu.

子供のころとてもお利口さんで従順だっただけに、彼は大人になったらなおさらのこと手に負えないワルで意地っ張りになるであろう。

必ずしも名詞に直接かからない、したがって同格ではありえないということは、次の 3) で Adolescente が誰のことかといえば、所有形容詞 vos に含まれる vous であることを見れば明らかですね。

3) *Adolescente*, quelles étaient vos distractions, vos lectures ?

思春期のころ、あなたの娯楽や読書は何でしたか？

　ところで、実は時期を示す「はぐれ要素」は次のように形容詞でもかまいません。

4) **A leur âge, seule compte la spontanéité, et c'est sans doute en prenant l'habitude d'écrire, *petits*, qu'ils sauront, une fois *grands*, ne plus être impressionnés par une feuille blanche.**

> 彼らの年齢で唯一大切なことは自発的であるということなのだ。小さい時に書く習慣をつけることによって、おそらく大きくなった時、もう白紙を前にしてしり込みするようなことはせずに済むであろう。

5) **Ayant perdu* leur mère *très jeunes*, les deux sœurs s'étaient élevées toutes seules, assez mal, gâtées par leur père.** (* perdre の現在分詞複合形)

> 幼くして母を失ったために、姉妹は自分たち2人だけで、父親に甘やかされ、かなり我がままに育ってきたのだった。

étant, ayant の省略

　さらに、「はぐれ要素」は時期を示すだけではなく、いろいろな補助的情報を文に与えます。もっとも多いパターンは、文が表す出来事があったとき、主語などがどのような状態にあったかを示すものです。また、「はぐれ要素」が7)のように過去分詞や〈名詞＋修飾要素〉の形で現れることもよくあるので注意しましょう。

6) **— En effet, dit Martine *agressive*, moi je vous parle un langage humain et vous me répondez en vieux français.**

> 「そうよ、私は人間の言葉を話しているのに、父さんや母さん（←あなたたち）は古くさいフランス語で答えるじゃない」とマルティーヌはけんか腰で言った。

7) **Une silhouette paraît alors dans le jardin : c'est le comte qui rentre, *trempé*, les pantalons retroussés.**

> そのとき庭に人影が現れる。伯爵がびしょぬれになり、ズボンの裾をたくし上げて帰ってきたのだ。

ところで、形容詞や過去分詞はもともと名詞に添えられる修飾要素ですから、Martine ≒ agressive「マルティーヌはけんか腰の状態だ」、le comte ≒ trempé「伯爵はびしょぬれだ」という解釈には余り抵抗感はありません。しかし、いくらなんでも le comte ≒ les pantalons retroussés「伯爵は裾をたくし上げたズボンだ」は無理でしょう。「伯爵はズボンの裾をたくし上げている」と解釈せざるをえませんね。さて、この謎はどう解いたらよいでしょうか？　まず、「伯爵はびしょぬれだ」と「伯爵はズボンの裾をたくし上げている」を、逆にフランス語にしてみましょう。

a) 彼はびしょぬれだ。　　　　　　　→ Il *est* trempé.
b) 彼はズボンの裾をたくし上げている。→ Il *a* les pantalons retroussés.

　a）b）の述部は〈être ＋属詞〉あるいは〈avoir ＋冠詞＋名詞＋属詞［あるいは8）9）のように場所を表す前置詞句〉〉になります。後者の構文は直訳すると「～を～の状態で持つ」で、たとえば Elle *a* les yeux verts.「彼女は緑色の眼をしている」という場合に使います。

　そこで、次の例を見てみましょう。謎を解く手がかりがあります。

8) **Henri partit*, les mains dans les poches, *traînant* ses sabots.** (*partir の単純過去)

　　アンリはポケットに手を突っ込んで、木靴を引きずるようにして出ていった。

9) **Mais Wilson demeura* là longtemps, le visage contre la vitre, *hochant* la tête vers le crépuscule matinal.** (*demeurer の単純過去)

　　しかし、ウィルソンは長い間そこに立ちつくしていた。顔を窓ガラスにつけ、夜明けの薄明に向ってうなずくようにして。

10) **Alors paraît Ada, en chemise, un peignoir sur les épaules, *venant* de l'office, *portant* un bougeoir.**

　　そこに配膳室のほうからアダが現れる。シャツ姿で、部屋着を羽織り、手燭を持っている。

　「はぐれ要素」や現在分詞は脚本などで多用されますが、フランス語では問題なくても日本語では少しおかしくなります。したがって、8）～10）は語順などを変えた意訳になっています。

　ここでは明らかに〈冠詞＋名詞＋属詞（前置詞句）〉les mains dans les poches, le visage contre la vitre, un peignoir sur les épaules が現在分詞 traînant, hochant, venant, portant と同じ働きをして並んでいます。そして、先に見たように、〈冠詞＋名詞＋属詞（前置詞句）〉が要求する動詞は avoir ですから、[ayant] les mains dans les poches, [ayant] le visage contre la vitre の ayant が省略されたものということになります。また、形容詞・過去分詞の場合は、6）の [étant] agressive, 7）の [étant] trempé の étant が省略されています。したがって、「はぐれ要素」は分詞構文だと考えるのが自然です。

核になる文	はぐれ要素・分詞構文
7) le comte rentre	[*étant*] trempé [*ayant*] les pantalons retroussés
8) Henri partit	[*ayant*] les mains dans les poches *traînant* ses sabots
9) Wilson demeura là	[*ayant*] le visage contre la vitre *hochant* la tête
10) Ada paraît	[*étant*] en chemise [*ayant*] un peignoir sur les épaules *venant* de l'office *portant* un bougeoir

3課　分詞構文からジェロンディフへ
— 前後関係と同時性

問題　次の文の「はぐれ要素」（イタリック体の部分）が主節にどう関わっているか考えましょう。

1) *Fou de joie*, Ange* embrasse le coursier sur la bouche. Le coursier, *dégoûté*, le repousse énergiquement. （*Ange は男性。形容詞が男性形 fou、直接補語人称代名詞も男性形 le になっている）

　　喜びのあまり、アンジュはメッセンジャーボーイの口にキスをする。メッセンジャーボーイは気持悪がってアンジュを力ずくで押し返す。

2) *Intelligents et subtils*, ce leur* était un jeu de manipuler la reine mère**, dont le manque de clairvoyance s'aggravait avec l'âge. （*「はぐれ要素」が間接補語 leur「彼らにとって」の「彼ら」にかかっていることに注目。** 非人称構文：ce は仮の主語で de manipuler... が真の主語）

　　頭がよく抜目のない彼らのこと、王太后を丸め込むのは児戯に等しいことであった。（まして）王太后の愚鈍さは老いるにつれひどくなってきていたのであるから。

3) *Pris de court*, il s'agite, balbutie, *penaud et torturé*.

　　彼は不意をつかれ、そわそわして口ごもる、しょんぼりと苦悶の表情を浮べて。

4) *Rentré chez lui**, l'âme amère*, il se jetait de plus belle dans le travail, il se droguait de travail. （*=étant rentré［現在分詞複合形］は完了を表す）

　　家に帰ってから、彼は苦々しい思いを抱えながら、よりいっそう仕事に打ち込むのだった。仕事中毒にかかっていたようなものだ。

---

1) 原因：la joie「喜び」
　　　→ その結果の行為：embrasser「キスをする」
　　：le dégoût「嫌悪」
　　　→ その結果の行為：repousser「押し返す」

> 2) 理由 ：être intelligents「頭がいい」
> 　　　　→ savoir manipuler「操ることができる」
> 3) 原因 ：pris de court「不意を突かれた」
> 　　　　→ s'agiter「そわそわする」
> 　行為 ：balbutier「口ごもる」
> 　　　　// その時の状態：être penaud「しょんぼり」
> 4) 完了 ：être rentré「帰宅した」
> 　　　　→ その後の行為：se jeter dans le travail「仕事に取りかかる」
> 　　　　// その時の（精神）状態：avoir l'âme amère「苦々しい気持ち」

（→ は「時間的・論理的な前後関係を表し、// は「同時」あるいは「並行関係」を表す）

　まず、上の説明の中の矢印に注目しましょう。論理的あるいは時間的に、**はぐれ要素→主節** の関係にあることが多いのです。ということは、逆に分詞構文が主節の後ろに置かれる時は、その順序のまま **主節→現在分詞** となり、それが次の例のような「結果を表す」現在分詞です。

5) Surprise, elle eut* un mouvement de recul, *manquant* de basculer en arrière. (*avoir の単純過去)

　　びっくりして、彼女は思わず後ずさりし、後ろにひっくり返りそうになった。

　avoir un mouvement de recul「彼女は思わず後ずさりする」→（そのため）manquer de basculer「ひっくり返りそうになる」という関係が、主節と現在分詞の位置だけでわかるようになっていますね。文頭の（étant）surprise も「はぐれ要素」ですが、すでに 1) と 3) で見た原因（la surprise「驚き」→ その結果の行為：un mouvement de recul「後ずさり」）のケースです。

ジェロンディフ「行為」vs 現在分詞「状態」

　また、表中の // は主節とはぐれ要素との「同時」を表していますが、初級ではジェロンディフが「同時」を表すと習いました。ここでは、ジェロンディフと現在分詞が表す同時性の違いを考えてみましょう。

6）Alors, il s'endormait d'un coup, la main sur le cœur, aussi attentif à sa vie *en dormant* qu'*éveillé*.

そうして、彼はスルッと眠りに落ちてしまうのだった。手を心臓に乗せ、眠っている時も目覚めている時も同様に自分の命に注意を払いながら。

　6）は長い文になっていますが、ここでは être attentif「注意深くしている」のがどのような時なのかを示す部分 en dormant と（étant）éveillé だけに注目します。日本語訳「眠っている」と「目覚めている」は表面的には同じタイプの動詞に見えます。しかし、「8時間眠る」とは言えても「8時間目覚める」とは言えません。つまり、「眠る」が持続可能であるのに対して「目覚める」はふつう一瞬にして終ります。この違いは「～シテイル」形になるとさらに大きくなります。「眠る」は▲時点で「眠り」という行為が始まり現在進行中（～～～）なのに対して、「目覚める」は▲時点で「目覚め」が始まるのとほとんど同時に終ってしまうのです。したがって、「目覚めている」は行為ではなく目覚めた結果である状態（＝＝＝）でしかありません。

現在
▲ → ～～～～～～～～～
眠り込む→　　眠っている
▲ →＝＝＝＝＝＝＝＝＝
目覚める→　　目覚めている

　これをフランス語で表現すると、**進行中の行為は現在形、行為の結果としての状態は**〈être ＋属詞（＝過去分詞）〉となり、完全に違った形になります。そして、おもしろいことにこの違いはそのまま、ジェロンディフと現在分詞の違いに連動するのです。

　Il *dort*.「彼は眠っている」　　vs　　Il *est éveillé.*「彼は目覚めている」
　　　　⇩（ジェロンディフ）　　　　　　　　⇩（分詞構文）
en dormant「眠りながら」　　vs　　［étant］*éveillé*「目覚めた状態で」

　ところで、持続的行為（dormir, marcher, lire など）ではなく瞬間完結型動詞の s'endormir「眠り込む」や se réveiller「目覚める」をジェロンディフにすると 7) 8) のように「〜する（した）時」を意味し、時間的関係は下の図のようになります。

7) Oui, je suis peut-être amoureux. Je pense à elle *en m'endormant* et aussi *en me réveillant*...

そうだね、もしかして僕は恋をしてるのかもね。眠りに落ちる瞬間にも目覚めた瞬間にも彼女のことを想っているんだから。

8) Son visage s'assombrit* l'espace d'un instant *en apprenant* l'accident. (* s'assombrir の単純過去)

事故の知らせに（←事故のことを知った時）彼女の顔がほんの一瞬曇った。

7)　彼女のことを想っている	8)　　　　顔が曇る
……………〜〜〜〜〜〜〜……	………………▲………………
………▲…………………▲………	………………▲………………
眠り込む　　目覚める	事故のことを知る

　もちろん、8) のように主節の動詞も瞬間動詞の場合、完全に同時ではなく、**事故のことを知る→顔が曇る**の順になりますが、語順としては**主節→ジェロンディフ**だということに注目しましょう。現在分詞の場合、その位置がそのまま出来事の前後関係に反映するのに対し、ジェロンディフはあくまで自分の力で「〜する（した）時」を意味し、主節の後ろに位置しても時間的には先行することができるのです。当然、ジェロンディフは次のように主節の前に出ることもあります。ジェロンディフは現在分詞と比較して文中の位置が自由だということがわかります。

9) *En voyant* son enfant sain et sauf, la mère s'élança* instinctivement vers lui. (* s'élancer の単純過去)

無事な子どもの姿が目に入ると、母親は思わず駆け寄った。

4課　ジェロンディフを活用しよう
― 静と動の違いとは？

問題　次の rentrer を使ったジェロンディフは、主節とどのような時間関係にあるでしょうか？

1） **Mon fils s'est fait* racketter en *rentrant* de l'école.** (* 〈se faire ＋原形〉
＝単なる受動態)

息子が学校の帰りに強請(ゆ す)られた。

2） **J'ai pleuré toute la nuit *en rentrant* à la maison.**

家に帰って夜通し泣きました。

3） ***En rentrant*, je la raccompagnerai jusque chez elle.**

帰りがけに彼女を家まで送って行くよ。

4） **— Oui, dit*-elle *en rentrant* légèrement le cou dans les épaules.**

「ええ」と彼女は首を少し縮めるようにして言った。(* dire の単純過去)

1）　　　強請られる	2）　　（夜通し）泣き続ける
▼	｜～～～～～～～～～～～｜
｜～～～～～～～～～～～｜	▲
（学校から）帰る途中	帰宅する
3）送って行く	4）　　　　言う
｜～～～～｜（彼女の家まで）	｜～～～～～～～～～～～｜
｜～～～～～～～～～～～｜	｜～～～～～～～～～～～｜
帰る途中	首を縮めながら

　このように「同時」の例をいくつか見ただけでも、ジェロンディフがいろいろな時間的関係に柔軟に対応できる表現形式だということがわかります。ちなみに 4）が典型的な「同時」用法ですが、この例でもわかるように主節の行為「言う」に対して付随的で、動詞にかかる副詞という位置づ

けになります。したがって、「～しながら」の場合、主節の動詞より後ろ
に位置するのが普通です。

　ジェロンディフのもう1つの特徴は、**動的**であり基本的に状態を表さ
ないということです。おおむね 1) ～ 4) の
ように2つ（以上）の行為が同時に行なわ
れますが、次例のように主節の動詞が静的
な状態を表すことは可能です。

```
5)        ずぶ濡れだ
     =========
              ▲
           帰宅する
```

5) Elle *était trempée* en rentrant.

　　　彼女は帰宅した時、ずぶ濡れになっていた。

静的な状態を表すジェロンディフはあるか？

　したがって、ジェロンディフは動的であることが基本ですが、être など
状態を表す動詞はジェロンディフとして使えないかというとそうではあり
ません。しかし、意味合いが大きく違ってきます。

6) *Tout en étant déçue* par son échec, elle ne paraît pas démoralisée.

　　　失敗に落胆はしても、彼女にくじけた様子はない。

7) Tu n'arrangeras rien *en étant aussi* formaliste.

　　　そんなに形式張っていてはまとまるものもまとまらないよ。

　これらのジェロンディフは単なる状態で
はなく、6) は**対立・譲歩**を示し、たとえば
Tout en étant déçue par son échec は *Bien
qu*'elle *soit* déçue par son échec「彼女は失
望していたけれども」で言い換えることが

```
6) 落胆したらくじけるはず
           ↓
       ×ところが
   くじけた様子はない
```

できます。このように非常に強い意味を持たせる時、tout を添えてジェ
ロンディフを強調します。また、7) は**手段・条件**を示すと考えられます。
直訳すれば「形式主義的な態度という手段では（形式主義であるならば）、
何もまとめることはできないだろう」です。現在分詞の場合、その文中
の位置と動詞の意味を組み合わせれば比較的単純に解釈できるのに対し、

ジェロンディフの場合、「同時」用法を除けば、もう 1 つ 2 つひねった読みになります。いずれにしても、ジェロンディフは主節と同時の行為・動作を表す（＝**動的**である）のに対して、現在分詞は状態を表す傾向があることは明らかですね。

8) *Craignant* que ma présence ne* les gêne, je me suis retiré. (* 〈craindre que ＋接続法〉で虚辞の ne が使われるが、話し言葉では省略可能)

　　私がいると彼らが気詰まりなのではないかと思い、私は退出した。

9) [「お母さんがそこにいるよ」と女の子に指で示され]

Il se retourna* *en craignant* de rencontrer le regard sévère de la mère, mais il n'y avait personne : la petite indiquait le salon de coiffure « L'Oréal ». (* se retourner の単純過去)

　　彼は母親の厳しい視線に出会うのではないかと恐る恐る（←ビクビクしながら）振り向いたが、だれもいなかった。女の子は「ロレアル」という美容院を指し示していたのだった。

8) 　　恐れていた	9) 　　振り向いた
↓だから	ーー｜〜〜〜｜ーー ーー〜〜〜〜ーー
退出した	ビクビクしながら

10) **Un garçon, négligé et désinvolte, arrive, *portant* une assiette.**

　　ぞんざいで無作法なボーイが料理を持って現われる。

11) **Elle s'est fait un tour de reins *en portant* un sac de ciment.**

　　彼女はセメントの入った袋を運んでいてギックリ腰になった。

12) **Deux enfants naquirent*, *portant* la population du hameau à vingt et une personnes.** (* naître の単純過去)

　　子供が 2 人生まれ、小さな村の人口は 21 人になった。

　同じ動詞 craindre なのに、8) の分詞構文が位置の前後関係そのままの論理関係で**判断・説明**を表して**静的**なのに対し、9) のジェロンディフは「ビクビクしながら」と少し行為性が増大して**動的**です。また、10) 11)

10)　　現れる	11) ギックリ腰になった	12)　　生まれた
──── ▼ ────	──── ▼ ────	↓　（その結果）
──═════──	──～～～～──	
料理を持っている	袋を運んでいた	人口が増えた

も同じ動詞 porter でありながら、10) の現在分詞はボーイがごく自然に（＝静的に）「料理を運んでいる」のに対し、11) のジェロンディフは無理をして（＝動的に）「重いものを運んでいる」わけです。12) もまた位置関係どおりに結果を表しており、現在分詞の特徴がよく現れています。

　静的と動的の違いは微妙で、現在分詞でもジェロンディフでもあまり変わらないという人も多いのですが、あえてもう少しこだわってみましょう。

13）_Tenant_ la lampe, il m'appela*.（＊ appeler の単純過去）

　　ランプを持って彼は僕を呼んだ。

14）César secoua* David en le _tenant_ par les revers de son imperméable.

　　（* secouer の単純過去）

　　セザールはダヴィッドのレインコートの襟をつかんで揺り動かした。

13)　　持っていた	14)　　揺り動かした
──═════──	──｜～～～｜──
──── ▼ ────	──～～～～──
呼んだ	つかんでいた

　13)「手に持っている」の tenir は ［ayant］la lampe à la main（ayant は強制的に省略）と言ってもほとんど意味は変わりません。したがって、現在分詞はやはり**静的**と言えるでしょう。それに対し、14)「襟をつかんで」の tenir はけんか腰ですから、**動的**なジェロンディフが選択されたと言えます。また、14) のジェロンディフは「手段」という解釈も可能です。

　以上、やや細かい区別になりますが、基本的に分詞構文は**静**、ジェロンディフは**動**、というのがフランス語ウオッチャーである私の結論です。

5課　ジェロンディフ：en によるプラスアルファ
—「時」の現在分詞？

問題　次の現在分詞構文および「はぐれ要素」の位置づけを考えましょう。

1) Comme j'ai habité à Kyoto, *étant enfant*, je me sens attiré par ceux qui parlent le dialecte de là-bas.

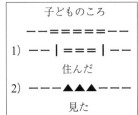

私は子供のころ京都に住んだことがあるので、あちらの方言を話す人に親近感をもっています（←惹かれる感じがする）。

2) C'est un des rares films que j'aie vus* enfant. (* 制限的な rares があるため接続法)

その映画は子供のころに見た数少ない映画の1つです。

　1) étant enfant も、この章の2課（p.72）の冒頭で詳しく考察した用法の 2) enfant も、quand j'étais enfant「私が子供だった時に」で置き換えることができます。しかし、同じように quand... で置き換え可能なジェロンディフ en étant enfant は私の考えでは不可です（実際に使うフランス人はいるのですが）。「時」のジェロンディフは前の4課ですでに説明しましたが、次のように行為的（動的）な場合に使うのでしたね。

3) N'oublie pas de prévenir *en partant* (= quand tu partiras).

出発する時は知らせてくれ。

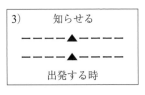

　ここでも、「分詞構文（静）vs ジェロンディフ（動）」が再確認されました。

　今度は、日本語との対比で分詞とジェロンディフを考えましょう。今までの文例を振り返ってみると、分詞の場合、比較的はっきり対応する日本

語訳としては「〜なので」（理由）があるだけで、それ以外はあまり自己主張することなく文中に埋没しています。その意味でも、1）2）の人生の一時期を示す「〜だった時」用法は、分詞構文のマージナルな用法と言えるでしょう。たまたま動的な行為等を受け持つジェロンディフの同時用法では「状態（静）」を表すことができないための方便なのかもしれません。

　それに対し、ジェロンディフは「〜しながら / 〜している途中で」（同時）、「〜したために」（原因）、「〜でありながら」（対立・譲歩）、「〜ならば」（仮定）、「〜することによって」（手段）など、前置詞 en が実に効果的に働いています。

　ところで、分詞構文には p.73 の 5）、p.76 の 4）のように「完了」用法があるのに対し、一般にジェロンディフの複合形〈en ayant（étant）＋過去分詞〉は使われないと言われます。そこで、次の文例を見てみましょう。

4）**Le mercredi suivant, *ayant terminé* son séminaire, le professeur quittait* son bâtiment quand une étudiante l'apostropha* en s'approchant de lui.** (* apostropher の単純過去)

　　次の水曜日、ゼミの授業を終えて、先生が校舎から出ようとした時、1 人の女子学生が（彼に）近づき声をかけた。

　半過去 quittait は進行中の行為「出ようとしていた＝出つつあった」を示します。このような場合、quittait を含む節を次のように quand の前に出さなければなりません（p.172 参照）。

(×) **Quand** le professeur quittait son bâtiment, une étudiante l'apostropha. 　⇩　〈qunad ＋半過去＝進行形〉は不可

(○) Le professeur *quittait* son bâtiment **quand** une étudiante l'apostropha.

5）***Étant arrivé* en dernier, je me dis* que je serais** également le dernier à être servi.** (* se dire の単純過去。** être の過去未来＝条件法現在)

　　最後にやって来たのだから、食事が出てくるのも最後だろうと考えた。

6) **Elles ont déjà assuré leur remplacement *en ayant eu* à l'âge de 40 ans près de 2,1 enfants en moyenne.**

彼女たちは 40 歳で平均 2.1 人の子供を産んで（←産んだことによって）、すでに世代の交代を確実なものとした（＝次世代に同じ人口を確保した）。

7) **J'ai posté la lettre *en ayant oublié* d'écrire un point important.**

大切なことを書き忘れたまま手紙を投函してしまった。

8) **Il n'a pas voulu signer cet appel, <u>tout</u> *en ayant promis* à Lionel Jospin d'être présent sur quelques tribunes.**

集会には何回か参加するとリヨネル・ジョスパンに約束しながらも、彼はそのアピールへの署名はしようとしなかった。

このように、単なる「完了」や「理由」を示す分詞構文複合形に対し、en を加えたジェロンディフは複合形〈en ayant（étant）＋過去分詞〉でもやはり 6) 手段や 7) 8) 対立・譲歩などのニュアンスを表すことができます。

分詞構文にも少々の味付けを

おおよそ主文との位置関係で意味が決まる分詞構文ですが、若干の味付けをすることは可能です。たとえば、sitôt「～してすぐに」、une fois「いったん～すると」、à peine「～するやいなや」などを添えると、いっそう完了のニュアンスがはっきりします。

9) **Sitôt arrivé, je me mis* à la recherche de mon hôte.** (*se mettre の単純過去)

着くとすぐに、私は（招いてくれた）家の主人を探しはじめた。

10) **Une fois chez elle... il ne faut surtout rien précipiter.**

いったん彼女の家に（入り込んだら）…せいてはことを仕損じるなんてことがないよう気をつけるよ（←とくに何も急ぎすぎてはいけない）。

11) **Ce cachet à peine avalé, la migraine disparaît instantanément.**

この錠剤を飲めば、すぐに頭痛が治りますよ。

10) では前置詞句 chez elle のみであること、11) では「主文とは違う主語を持つ」ことが注目されますが、相変わらず意味的には極めてわかりや

すい分詞構文です。

　逆に言えば、分詞構文にそれ以上の意味を持たせるには、次のようにそれなりの補強が必要だということになります。

12）**Bien que n'ayant jamais tenu un sabre, si le général l'exige, je me battrai.**

　　今まで剣を手にしたことは一度もないが、将軍がぜひやりたいと言うのであれば、（彼と）戦うつもりです。

13）**Bien qu'étant* très différents tous deux, ils ont quelques points communs.**（* étant は省略可能）

　　2人はかなり違うけれど、いくつか共通点はある。

　ところで、ジェロンディフと比較して、11）で見た「主文とは違う主語を持つ」ことができるというのが分詞構文の主要な特徴です。いわゆる「絶対分詞構文」ですが、その難しげな名称は別として、主文との関係は今までの現在分詞と同じで単純明快です。

14）**Le 23 étant un jour férié, aucun magasin n'est ouvert.**

　　23日は休日のため、開いている店は1つもない。

15）**Quelqu'un m'ayant tapé sur l'épaule, je me suis retourné pour voir qui c'était.**

　　誰かに肩を叩かれたので、誰だろうと思って振り返った。

16）**La leçon terminée, nous bavardions en mangeant une pâtisserie.**

　　レッスンが終ると、私たちはケーキを食べながらおしゃべりしたものだ。

14）休日だ	15）肩を叩いた	16）レッスンが終った
↓だから	↓だから	↓その後
開いていない	振り向いた	おしゃべりをした

6課 ジェロンディフと否定
— 否定形にできる？ できない？

問題 現在分詞と違ってふつうジェロンディフは否定形では使われません。どういう用法の時に否定形が出にくいのか、あるいは出やすいのかを次の文例から判断してください。

1) — Ton père a dit ça *en riant* ?

— Non, il l'a dit *sans rire*.

「親父さんは笑いながらそう言ったの？」

「いや、笑わずに言った」

2) Ils en conclurent* que leur patron voulait éviter le scandale *en ne parlant pas*. (* conclure の単純過去)

そのことから彼らは、ボスは話さずにいることによってスキャンダルを避けようとしているのだと結論した。

　日本語でも「〜しながら」の否定「〜しないながら」は不可ですね。否定の場合は「〜しないで」とか「〜せずに」と言わなければなりません。フランス語でもジェロンディフの否定形を避けて、1) のように〈sans ＋ 原形〉を使います。

　この現象を明確に示す例をもう1つ挙げておきます。

3) Petite, elle quittait toujours sa famille *en pleurant* ; maintenant elle part seule en vacances *sans pleurer*.

彼女は子供のころ家族と離れる時いつも泣いたものだが、今では泣かずに1人でバカンスに出かける。

　このような単なる「〜せずに」に対して、2) の意識的に「〜しないこと」は手段として成立しますね。もう1つ例を挙げておきましょう。

4）On fait souffrir en aimant, on fait souffrir *en n'aimant plus*...

愛することによって苦しめてしまう、愛することをやめても苦しめてしまう…

　ところで、ジェロンディフは主文に対して前に来たり後ろに来たりしますが、主文の動詞の表す行為を「どのようにして？」とか「どんな風に？」とか付随的に説明する時は意味的にジェロンディフが動詞に従属するので、1）3）のように〈主文の動詞＋ジェロンディフ〉の順になるのが原則です。

5）Rentrons *en courant*.

走って帰ろう。

6）Yasuda monta* dans ce train *en agitant* la main.（* moner の単純過去）

安田は手を振りながらその電車に乗った。

ジェロンディフを否定形にできない場合

　1）3）のように主節の動詞に従属する「同時性＝様態」のジェロンディフが成り立つ場合は、してもいいはずの行為がないことを〈sans ＋原形〉で示すことができます。同様に、5）6）についても×en ne courant pas, ×en n'agitant pas la main の代わりに〈sans ＋原形〉sans courir「走らずに」、sans agiter「振らずに」の形にすることができます。

主文（前置）	様態（後置）：en + ...ant	様態なし：〈sans ＋原形〉
1）言った	笑いながら	笑わずに
3）別れたものだ	泣きながら	泣かずに
5）帰ろう	走って	走らずに
6）乗った	手を振りながら	手を振らずに

　それに対して、「〜した時」や「〜する途中で」や「〜していて」はその行為が主節の出来事の生じる前提・きっかけとなりますから、行為の成立が不可欠です。したがって、〈sans ＋原形〉による置き換えはできず、

文そのものが不成立になります。

7） *En voyant* cela, elle a poussé un cri.

彼女はそれを見て悲鳴を上げた。

8） Je l'ai croisé *en allant* à la poste.

私は郵便局に行く途中で彼とすれ違った。

9） Il s'est cassé la jambe *en skiant*.

彼はスキーをしていて脚を折った。

7）見なければ → 悲鳴を上げない	出来事なしでは
8）すれ違わない ← 郵便局に行かなければ	文が不成立
9）脚を折らない ← スキーをしなければ	

ジェロンディフを否定形にできる場合

　2）で éviter le scandale *en ne parlant pas*「話さないことによってスキャンダルを避ける」のジェロンディフは手段を表していました。実は、原因・手段・条件（仮定）は基本的に同じであって、ジェロンディフと主節はいずれも〈原因 → 結果〉の関係にあります。これらは必ずしも明確に分類できるわけではありませんが、結果を目的とする場合に「手段」、結果を推測する場合に「条件」とよんでいます。いずれにしても、出来事や行為がない場合もなんらかの結果を引き起こす可能性があるわけですから、ジェロンディフを否定形にすることに問題はありません。

10） Tu as raté le coche *en ne te présentant pas*.

受験しなかったために君は絶好のチャンスを逃した。

11） Vous le fâcheriez *en ne venant pas*.

あなたが来なかったら彼を怒らせることになりますよ。

10）チャンスを逃した	11）　　怒る
↑その結果	↑その結果
受験しなかった	来ない

12）*Tout en n'admettant pas* le double suicide, il gardait le silence.

心中だとする説を彼は認めなかったが黙っていた。

13）*Tout en ne te privant de rien*, tu ne prends pas un gramme ! Quel est ton secret ?

何でも食べまくって（←何も絶つことなく）ぜんぜん太らない（←1ｇさえも増えない）なんて！　その秘訣は何なの？

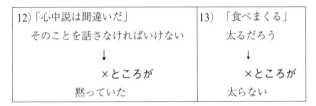

　12）13）の**譲歩・対立**は当然の結果にならないというひねりが入りますが、その起点になる事柄は否定であってもかまわないことに変わりありません。また、因果関係に必ずしも同時性は必要ありませんから、次のようにジェロンディフの複合形（過去形）も可能になります。

14）J'ai grossi *en ayant grignoté* en dehors des repas.

食事の時間外につまみ食いしたため太ってしまった。

15）Un footballeur*, s'il calcule bien, peut donc jouer une saison sans s'arrêter *en ayant reçu* huit cartons jaunes.（* 総称の〈un (e)＋名詞〉）

したがって、（サッカー）選手はイエローカードを8枚もらっても、うまく計算しさえすれば試合から外されることなくシーズンを通してプレーすることができる。

16）Je voudrais vous faire remarquer que *tout en étant né* en septembre 1931, il déclare être né deux ans plus tard, en 1933.

ちょっと指摘しておきたいんですが、彼は1931年の9月に生れていながら、2年後の1933年に生れたと申告しています。

単語にとらわれず…　柔軟に…　深くよむ

　語彙を増やすのは大切、それはそのとおりですが、なかなか思うようにはなりません。私も単語を覚えるのは苦手で、今でもフランス語単語の日本語訳がすぐに思い浮かばないことがよくあります。ただ、負け惜しみになりますが、フランス語と日本語の単語を1対1で覚えようとしないほうが、かえって日本語とフランス語の間にあるギャップに柔軟に対応できると考えています。

　たとえば、日仏対訳を作る授業で『コーラス *Les Choristes*』という映画を見た時、次のようなシーンがありました。

　寄宿舎に入っているピエールに母親が会いに来ます。前回、ピエールが罰を受けていて会えなかったのですが、自習係のクレマンは母親を心配させないために嘘をつきます。そして、これから母親に会いに行くピエールとすれ違った時、こうささやきます（映画の字幕では下線部が訳されていません）。

Clément：Je n'ai pas dit à ta mère que tu avais été puni. Je lui ai dit que tu étais chez le dentiste. <u>Ne me trahis pas !</u>

お母さんには罰のことは言ってない。歯医者に行ったことにしてある。

　下線部は辞書の訳語を使えば「私を裏切るな」ですが、単語にこだわらないで流れに乗って訳せば「話（口裏）を合わせるようにしてくれ」のような感じになるでしょうか。もっとも、深読みすると、このクレマンの台詞には音楽の才能豊かなピエールへの思いやりと同時に、ピエールの母親に対して芽生え始めた恋心が込められています。そうすると「私を裏切るな」のほうがクレマンの気持ちをよく表しているとも言えそうです。ただ、やはり日本語では無理がありますね。ことほどさように外国語というのは、近くて遠い、あるいは遠くて近いもののようです。

　もう1つ、同じ映画から例を挙げましょう。ピエールが1人で歌っている

のを聞きつけて、クレマンが教室に入って話しかけます。

Clément : Qu'est-ce tu fais là, Morhange ?　何をしてるんだね？

Pierre　 : Rien, m'sieur.　何もしてません。

Clément : Alors j'ai entendu des voix ? Ça doit être la fatigue.
　　　　　<u>声を聞いたが かすれてるな。</u>

　下線部の日本語は字幕そのままです。字幕を見ている限りでは別に変ではないのですが、音声のフランス語とはかなり違います。voix に不定冠詞がついているので「なにやら（聞こえてもいない）声を聞いてしまったか？」つまり「私の空耳だったわけか？」と解すべきでしょう。そう理解すれば、続く部分は「君の声は疲労のためかすれている」ではなく、「（空耳だなんて）私も相当疲れてるな」みたいな流れになるでしょう。

　ところで、次の字幕はどうでしょうか。楽譜を盗んだ生徒たちとクレマンがトイレで揉めているところに、体育教師のシャベールがやって来たシーンです。

Chabert : Faites pas de ça ici, Mathieu.　無理だ。

Clément : Pas de quoi ?　なぜだ？

Chabert : Faites pas celui qui n'a pas compris !　手なずけられん。

Clément : Vous n'allez pas croire que... ?　できる。

Chabert : Cette fois-ci je ferme les yeux.　あきらめろ。

Clément : Vous voyez vraiment le mal partout.　不可能だと？

Chabert : Ici ? Oui.　そうだ。

　この字幕もそれなりに筋が通っています。でも、聞こえてくる音声とはぜんぜん違います。いきなり出てきた ça を「子供たちを手なずけようとしていること（＝善意の表れ）」だと誤解しているわけです。しかし、実際は「とんで

もなく悪いこと」なのです。そこで、授業では次のような訳を提示しました。

　　そりゃまずいぜ。
　　"そりゃ" って、どういう意味だ？
　　とぼけるな。
　　まさか "あれ" だと思ってるんじゃないだろうな？
　　今回だけは目をつむってやる。
　　何事も悪いほうにしか解釈できないってわけか。
　　ここ（この寄宿舎）じゃ、そうだ。

　どうでしょう？ "そりゃ" や "あれ" が何を指しているかおわかりにならない？ それじゃ、「子供たちにいたずらしちゃダメだよ」「"いたずら" って？」のように、さらに踏み込んで訳しましょうか？
　いずれにしても、「小児愛 la pédophilie」問題への日常的なアンテナの張り方がフランスと日本とではぜんぜん違うので、原文で「言わずもがな」の場合をどう訳すかが、とても悩ましい問題になります。

　最後に、『アメリ Amélie』から１つ…　病気魔のジョルジェットが恋に落ちたのを見て、カフェのマダム・スュザンヌが言います。

Un coup de foudre, c'est bien la seule chose qu'elle ne nous avait pas encore attrapé !
　　ひとめ惚れ、なぜ私たちにはできないの？

　これを教室では次のように添削しました。「まさか、あの娘が恋をするなんてねぇ！」…　単語レベルでも文法レベルでも、フランス語と日本語がまるで一致していないのですが、こうとしか訳せません（種明かしは p.137-138）。

3章
否定から条件法へ

代名動詞 se demander には「自問する」というわかるようでわからない訳語がついていますが、その裏に否定が隠れていることを導入部とし、日本人の弱点である隠れ否定の考え方を学びます。とりわけ、往々にして曖昧に受け取られがちな条件法ですが、単純未来形と違って条件法の根本に否定があり、その否定を見逃すと大変なことになることを強調します。また、形の上で半過去（S'il pouv*ait* venir「彼が来てくれたら」）と条件法（ça nous aider*ait*.「助かるんだがなあ」）には共通点があり、また日本語訳にも共通点「〜のに」「〜だけど」があることから、半過去と条件法の両方に「反現実」にもとずく「婉曲用法」があるという結論を導きます。そのように 考えていくと条件法の「推測」用法も単なる推測ではなく、その根幹に否定があることが理解できます。

1課 隠れた否定
— 肯定か否定かを見極める

(問題) 1）〜 4）に共通の je me demande si... の意味を考え（　　）に日本語訳を補い、5）ではよく耳にする表現 je me le demande. の訳を考えてください。

1） *Je me demande* **si j'y vais ou pas.**　行こうか行くまいか（　　　　）。

2）Mais *je me demande* **si j'ai encore des prospectus... je vais voir.**

まだパンフレットがございますかどうか（　　　　）… ちょっと見て参ります。

3）Quelquefois, *je me demande* **si tu m'aimes vraiment... Heureuse-ment que ça ne m'arrive pas souvent !**

時々あなたが本当に私を愛してくれているのかどうか（　　　　）… 幸いそうたびたびはないことだけどね！

> 3)　不幸なことに「愛がない」と心配する
> vs
> 幸いなことにそういう心配をすることはあまりない

4） *Je me demande* **si c'est ce qu'il a vraiment voulu dire.**

それが彼が本当に言いたかったことなのかどうか（　　　　）な。

5）— Est-ce qu'elle acquiescera à cette proposition ?

— *Je me le* demande.* (*le は中性代名詞で相手の疑問を受ける)

「彼女はその話に首を縦に振るだろうか」「（　　　　）」

1）「思案中です」「迷っています」など。
2）「わかりませんが」など。
3）「考えてしまうの」「心配（不安）になるの」など。
4）「疑問だ」「怪しい」など。
5）「さあ、どうだか（わかったもんじゃない）」「そうとは限らない」「ちょっと難しいかも」など。

〈je me demande ＋間接疑問〉は自分には答の出せない疑問について使いますが、辞書に載っている「自問する」という訳語ではうまくいかないので要注意です。1）2）では肯定と否定がほぼ半々ですが、3）4）ではやや否定のほうに傾いています。3）の heureusement は「愛してくれていない」のではないかと心配することは「幸い」多くはないわけですから、前段部分に否定の色が濃いことは明らかです。このように形の上では否定がないのに、意味的には否定的だということがあります。

　逆に間接疑問の部分に否定表現が入るとどうなるでしょうか。

6）— **Elle a décidé de l'épouser, mais pour ça, elle a dû sacrifier ses rêves les plus chers.**

　　— **Je me demande si elle _ne_ le* regrettera _pas_ plus tard.** （* le は中性代名詞で「そのことを」（＝相手の発言内容）を意味する）

　　「彼女、彼と結婚することにしたんだけど、そのために一番大切にしてきた夢を犠牲にしなければならなくなったんだ」「後で後悔するんじゃないかしら」

7）**Je me demande si on _n_'aurait _pas_ mieux fait de descendre à la station d'avant.**

　　前の駅で降りたほうがよかったかしら。

　6）の前半部には「彼との結婚」についてやや否定的な表現「大切な夢を犠牲にする」があるので、いずれ「後悔するかもしれない」と推測するほうが自然です。したがって elle _ne_ le regrettera _pas_「後悔しないだろう」という部分にある否定が je me demande でさらに否定され、文全体では一種の二重否定になり肯定的な解釈「後悔するのではないかな」に傾いています。7）でも同様に日本語訳では否定が消えています。

　以上の解釈を踏まえ、Je me le demande. の意味をもう一度考えると、次のようにむしろ疑念の表明（＝むしろ否定）と言えるでしょう。

8）**Qu'est-ce qu'une gourmande comme toi peut rêver de mieux, _je me le demande_ !**

　　お前みたいな食いしん坊にこれ以上を望めるかね？そりゃ無理だろ！

9）Comment avez-vous réussi à le retrouver ? *Je me le demande.*

あなたがどうやってそれを見つけ出せたのか、合点がいかない。

隠れている否定

je me demande... のように、一見なにもないところに否定が隠れている場合は厄介です。たとえば、否定疑問文に答える si は「〜ではないですね？」と聞かれて「いや、〜なのです」の意味になりますが、このように単純なパターンとは限らないので要注意です。次の例は相手が心で思っていることを想像しながらの以心伝心の受け答えです。

10）［カフェに出入りする客のお目当てが誰かをめぐって］

　　— Dites-moi, c'est quelqu'un que je connais ?　— Oui.

　　— C'est aux Deux Moulins ? C'est quand même pas vous !　— Non !

　　— C'est pas* Mme Suzanne... Non !　— *Si* ! (*C'est pas = Ce n'est pas)

「ねぇねぇ、それ、私の知ってる人？」「うん」「カフェ（= Les Deux Moulins）で働いてる人？ でも、あんたじゃないな！」「うん、違う！」「シュザンヌさんじゃないし...［タバコ売場のジョルジェットを思い浮べて］まさか！」「そのまさかなのよ！」

また、次の文例では si は部分的に反応しており、とくに 12）13）では一見したところ否定 non が見えません。

11）— Tu connais quand même les hommes... Jolie comme tu es, je suppose que c'est pas la première fois qu'on te fait ce genre de proposition.

　　— Venant d'un homme qui a une femme, *si* !

「でも男がどういうものかぐらい知ってるだろ… 君みたいにきれいなら、こんなふうな誘いを受けたのは初めてじゃないと思うけど」「奥さんがいる人から誘われたのは初めて」

| 11）男たちからの誘いは初めて？→ | non　初めてではないけれど |
| | si　妻帯者からは初めて |

12）— Vous connaissiez très bien Brignon ?　— Oh !... très bien !

　　— Ah ! *si* !... Vous aviez même des relations plutôt tendues avec la victime ?...

「ブリニョンのことはよく知っていたんでしょ？」「そんな！…"よく"だなんて！」

「いやいや、よく知っていたのさ… それどころかブリニョン（←犠牲者）とはなにか険悪な間柄だったんじゃないの？」

13)［「あなたの旦那は浮気をしている」という匿名の手紙を受取った妻に夫が弁明して］

Puisque tu ne me crois pas... tu croiras peut-être ces documents... Lis !... *Si* !... J'y tiens*. Ici, tu peux voir le jour et l'heure du procès**. (* y は中性代名詞：je tiens à ce que tu lises ces documents. ** 夫は弁護士)

僕が言うことじゃ信じてもらえないとしても… この書類なら信じてもらえるかもしれない… 読んでみてくれ！… いや、読んでくれよ！… ぜひ読んで欲しい。ここには訴訟の日時が記録されているから。

12) の très bien ! には「よく知っていたなんてとんでもない」という否定が隠れており、13) の Lis !... と Si !... の間には「読め」と言われ「いやだ」と首を振った妻の身ぶり・表情が隠れています。

いわゆる**反語表現**なども、表面上では肯定と見せかけて実は否定であるという表現テクニックです。14) では jolie というプラス評価が実は sale「汚い」というマイナス評価になります。15) は無口な相手に Bavard, le mec「おしゃべりだな、こいつ」と言っていますが、日本語でそのまま通じるか微妙なところです。

14) Elle profite de ce que tu es malade, *jolie* mentalité !

あの女はお前の病気につけ込んでるんだ、見上げた根性だよ！

15) — Allô...

— Salut, c'est Jean. Je voudrais te parler. Tu aurais un moment, maintenant ?　— Oui.

— Alors dans une demi-heure, Square Ouest. D'accord?　— Oui.

Il raccrocha*. *Bavard*, le mec. (* raccrocher の単純過去)

「もしもし …」「よっ、俺、ジャンだけど。話したいことがあってな。ちょっと時間もらえるかな、今？」「うん」「じゃ、30分後、西公園で。いいか？」「うん」

ジャンは受話器を置いた。無口な野郎だぜ（と心で呟きながら）。

2課　隠れた否定から条件法へ
— 条件法の根幹には否定がある

　前の1課で学んだのは、いわば解釈上のテクニックにすぎません。し
かし、実は本質的に否定をベースにした形があります。

[問題]　次の文を読んで肯定と否定を見極め、イタリック体の動詞に対応
する訳を（　　）に入れて、「私」のとった態度を明確にしましょう。

1) [「私」(=je) は異国のバーで居合わせた同国人 (=vous) に通訳をしてやり、注文がバー
の主人に伝わったところで引き下がろうとします]

　① **Mais je me retire, monsieur, heureux de vous avoir obligé.**

　② **Je vous remercie et j'*accepterais* si j'étais sûr de ne pas jouer les
fâcheux.**

　③ **Vous êtes trop bon. J'*installerai* donc mon verre auprès du vôtre.**

　　① じゃ、私はこの辺で失礼します。お役に立てて幸いでした。

　　② えっ、そりゃどうもありがたいお誘いで。お邪魔でなければ（　　　　）…

　　③ これはご親切に重ねてのお誘い、恐れ入ります。では、（　　　　）。

> ②「お邪魔でなければ（お受けするところですが）…」
> ③「では、（遠慮なく酒を酌み交わすとしましょう）」

　原文はかなり持って回った言い方ですが、訳例も思い切って意訳してい
ます。このテキストのポイントは、表面に出てこない①と②、②と③
の間になされたはずの相手 (=vous) の発言をどう補って読むかです。

　①で引き下がろうとした「私」に向かって相手は礼を言い、おそらく
Je vous offre un verre ?「1杯ごちそうしましょう」などと誘ったのだと思
われます。その誘いに対して、②で「私」は j'accepterais と条件法を使っ
ています。si j'étais sûr de ne pas jouer les fâcheux「邪魔者を演じないと

確信しているなら、承諾するのだが」というわけですが、もちろん、「確信はない」ので「承諾しない」が隠れており、あくまで言葉の上では明瞭に拒絶（＝否定）になっています。

---

1)「ごちそうしましょう」に対して
条件法：j'accepterais（形は肯定）　→ je ne peux pas accepter（実際は否定）
　　「お受けしたいところだが」

したがって、本心はどうであれ、相手は再び Si, si, je tiens à vous offrir un verre.「ぜひごちそうしたいのです」などと言わざるをえません。これこそが「私」の狙いで、③ Vous êtes trop bon.「あなたがあまりに親切だ」から、J'installerai donc mon verre auprès du vôtre.「私のグラスをあなたのグラスのそばに置くことにしましょう」と言って、相手（＝vous）を罠にかけてしまいます。**拒絶の条件法**に対してこの未来形 J'installerai は明瞭に承諾（＝肯定）を表していますね。

それにしても、この小説『転落 *La Chute*』の出だしで、アルベール・カミュ Albert Camus はなぜこんなにまどろっこしい出会いを描いたのでしょうか？　この後、「私」は相手を自分のペースに巻き込んで後ろめたい気持ちにさせてしまうという展開になります。この条件法 j'accepterais は、これから延々と展開される 2 人の会話（この小説では、相手の発言がすべて省略されている）があくまでも相手の望んだことで、自分のせいではない（＝自分は一度は断った）という一種のアリバイづくりの役割を果たしているのです。たかが条件法ですが、その裏に隠れた否定を見落とすと、大げさに言えば小説全体の理解に影響しかねないことになります。

条件法を曖昧にとらえてはいけない

1)の条件法はおそらく日本人が最も苦手とする「隠れ否定」でしたが、引き続き条件法の本質である逆転現象にこだわりたいと思います。たとえば、次の日本語の空欄にどのような表現を補ったらいいでしょうか？

2）［2人で食事しています］— C'est délicieux !

— **Vous permettez ? …Vous avez raison, mais la mayonnaise *pourrait* être meilleure !**

> 「わぁ、おいしい！」「ちょっと味見させてもらっていいですか？［相手のエビ料理を味見して］おっしゃるとおりですね。でも、マヨネーズ（　　　　）」

　日本人はこの種の条件法を推測用法として受けとる傾向があり、まあまあできる人でも「マヨネーズのほうがおいしいかもしれない」などと訳します。文法的には可能な訳かも知れませんが、エビとマヨネーズを比較するのはちょっとおかしいですね。でも、このように自分の意見を曖昧にする表現「〜かもしれない」は私たち日本人にピッタリで、思わず納得してしまうわけです。そこで、偉そうにほざいて恐縮ですが、文法教師である私は「条件法の基本がわかってない！」と一喝して「（マヨネーズ）がイマイチですね」と添削せざるをえません。

　la mayonnaise pourrait être meilleure の文字どおりの意味は「マヨネーズはもっとおいしくなれるのに」もしくは「もっとおいしくてもいいのに」です。ここまで来れば逆転の

2）　　| 条件法 |
おいしくてもいいはずなのに
でも実際は
おいしくない

発想が自然に出てきます。つまり、現実は「マヨネーズがあまりおいしくない」のです。条件法はこのように、まずいものもおいしくなるという恐ろしい結果になりかねないので要注意です。最近のフランス語学習は会話から入ることが多く、まず 3）のような緩和用法として条件法の形を覚え，それから、4）推測・伝聞の用法や 5）反現実の用法を学んでいくようです。

3）Je *voudrais*（J'*aimerais*）essayer ceci, s'il vous plaît.

> これを試着したいのですが。

4）D'après ce qu'on m'a dit, il *s'agirait* d'un incendie criminel.

> 聞いたところでは放火だそうですよ。

5）Si au moins Jérémie pouvait venir, ça nous *aiderait*.

> （実際は無理だが）せめてジェレミーだけでも来てくれたら助かるんだが。

　日本人学習者は曖昧な婉曲用法をまず学ぶために、条件法全体が曖昧な肯定だと思ってしまいます。しかも日本人の曖昧にしておきたいというメンタリティーが緩和や推測の乱用を招きます。この機会に、条件法の根本が「明快な逆転」だということを肝に銘じましょう。

反現実を表すのは半過去

　最後に、1）と 5）の条件文 si... で使われた動詞の形に注目しておきましょう。今さら下のような表にするのもわざとらしいのですが、もう少し**半過去と条件法の親近性**を意識すべきだと私は考えています。

si ＋半過去	条件法現在
1）si j'ét*ais* sûr	j'accepter*ais*
5）Si Jérémie pouv*ait*	ça aider*ait*
半過去と条件法の活用語尾はすべての動詞で共通	
半過去も条件法も日本語の「～なのに」「～だけど」に対応する	

　次の 6）～ 9）の半過去の意味「**今は反現実**」とそれに対応する日本語訳「～のに」「～くせに」「～だけど」などは、条件法の場合と類似していますね。

6）［邪魔が入って］*C'était* ce soir ou jamais.

　　今晩が絶好のチャンスだったのに。

7）［大事にとってあった物をせがまれて］Je la *gardais* pour plus tard ! T'as envie?

　　後にとってあったんだけどなあ！ お前、欲しいか？（譲る気になっている）

8）— Te regarder est une souffrance.

　　— Hier vous *disiez* que c'était une joie.

　　— C'est une joie et une souffrance.

　　「（美しすぎる）君を見るのは苦しみだ」「昨日は喜びだって言ってたくせに」「喜びでもあり苦しみでもあるんだ」

9）Alors là, vous me décevez. Moi, je vous *prenais* pour quelqu'un de bien.

　　あらまあ、私がっかり。（今の今まで）あなたがいい人だと思ってたのに。

3課　条件法による「逆転」とは？

― 現実はどうかを見極めよう

　条件法の裏に隠れている逆転現象を探るために、この課でも文の中に混在する単純未来と条件法現在を比較してみましょう。

問題　現実への関わり方という観点から、次の文の未来形と条件法の違いを指摘してください。

1）[今日は日曜日。安息日なのに自分の畑に思わず足が向いてしまう農夫の、土地に対する愛着を描いています] **Et pourtant, il y va. Il est vrai qu'il passait* bien près ; c'était* une occasion. Il la regarde, mais apparemment il n'y entrera pas ; qu'y *ferait*-il ?... Et pourtant il y entre.** (* passait, était：現在形で語られるテキスト内での半過去「通りかかった（ついでだ）から〜する」という決まり文句)

　　でもやはり彼は（自分の土地に）行く。なるほど、すぐそばを通りかかったのだから、ついでに（見ておこう）というわけだ。彼は土地を見つめる。だが、どうやら中に入るつもりはないようだ。入ったって、どうせ何もすることはないんだし ... ところが何と、やはり彼は自分の土地に入って行く。

　この文例では、未来形のほうが推測を表しています。話し手は農夫の様子を見て（＝ apparemment）、日曜日ということもあるし、「入らないだろう」と考えるわけです。これが**現実に即した未来形**（il n'y *entrera* pas）によって表され、次の段階への前提（現実は「入らないだろう」）になります。

　そうすると、「入る」が反現実になり、反現実を仮定するには s'il y *entrait*「仮に入ったとして」のように〈si ＋ 半過去〉の形が必要になります。しかし、それでは entrer という動詞を 3 回続けて使うことになり、重くなります。したがって、y「そこで」という軽い副詞で仮定条件を示

し、その帰結として que *ferait*-il ?「(そこで) 彼が何をするというのか？(＝何もすることはない)」と結論します。そして、実はこの結論「何もすることがない (のだから)」が未来形 il n'y entrera pas による推論を、さらに補強しているのです：「(仮に入ったとしても) 何もすることがない (のだから)」「(やはり) 入らない」。

　ここまで来れば、読者はすっかり著者に同調して、「何となく見に来たが、結局入らないんだ」と考えます。しかし、一流の物書きというのは一筋縄ではいきません。未来形と条件法という手の込んだやり方で「100％入らない」と思わせた上で、最後の大逆転で「それでも畑に入ってしまう農民のやむにやまれぬ思い」を印象づけるわけです。

[確信度は大]：現実状況は明らかに「入らない」を支持
→ だから、**未来形**：il n'y entrera pas
[逆転 1]：逆にあり得ない仮定をして「入る」状況を作っても、
[逆転 2]：やはり「入らない」を支持せざるを得ない (条件法)
[確信度は最大]：「100％入らない」
[大逆転]：あらゆる予想を覆して現実は「入る」現在形：il y entre

仮想現実の世界

　教科書や参考書では緩和用法や推測用法がまるで独立した用法のように扱われることが多く、本来の条件法とは別個に存在するという印象を与えています。上の qu'y *ferait*-il ? のような条件法の文を単なる推測「彼は何をするのだろうか」と解釈する傾向が強いのですが、それでは不充分あるいは間違いです。たとえば、次の条件法過去を含む文の日本語訳を批判的に検討してみましょう。

2) J'*aurais aimé* commencer cette histoire à la façon des contes de fées.
　　僕はこの話をおとぎ話みたいに始めたかったのです。

　ポイントは、この話が実際におとぎ話のように始まったのかどうかです。逆転の発想に慣れている人には言うまでもないことですが、このフラ

ンス語文は「できれば、おとぎ話みたいに始めたかったのにそうはならなかった」を裏に隠しています。ところが、日本語訳ではその点が曖昧になり、「始めたかった。だからそうした」という反対の解釈も大いに可能です。それを避けるには、「**本当は、僕、この話をおとぎ話みたいに始めたかったんだけど**」など、ひと工夫しなければいけません。

　次の文例も婉曲・緩和と言われる用法ですが、逆転を前提としています。

3）Tu *aurais dû* déposer ton parapluie dans l'entrée, tu mets de l'eau partout !

　　傘は入り口に置いてこなきゃダメじゃない。あっちこっちにしずくを垂らしちゃって！

4）— Vous voulez une tasse de café ?

**　— Ce *serait* avec plaisir, mais je ne bois pas de café le soir.**

　　「コーヒーいかがですか」「せっかくですけど、夜はコーヒーを飲まないんです」

2）　　　条件法	3）　　　条件法	4）　　　条件法
おとぎ話のように始めたかった	置いてくるべきだった	喜んで飲みたい
でも実際は	**でも実際は**	**でも実際は**
そうではなかった	そうではなかった	飲まない

　とくに 4）は「大いに乗り気である」ことを表す avec plaisir が条件法の力で「断り」の表現へと大逆転していることに注目しましょう。こうしてみると婉曲と言っても本来の条件法と同じで、現実は反対であることが前提になっていることがわかりますね。

　実は、前の 2 課の 3）4）のように反現実の用法としては教わらない緩和用法や推測・伝聞用法も、逆転とまではいかないまでも、根っ子には反現実があります。似たような例を取り上げ考えてみましょう。

5）Pour le moment, *pourriez*-vous me prêter la moitié seulement de ce que j'ai demandé ?

　　取りあえず、お頼みした半分だけでも貸していただけませんでしょうか。

6）Il y a eu près de chez moi un accident de voiture qui *aurait fait* trois

morts.

うちの近くで交通事故があってね、３人死んだそうなんだ。

7）［豚インフルエンザに関するニュース］

Selon l'Organisation mondiale de la santé（OMS）, *il y aurait* environ 800 cas suspects au Mexique, dont 60 morts.

世界保健機関（WHO）によれば、メキシコでは（豚インフル）感染の疑いが 800 症例
出ており、そのうち 60 人が死亡したとのことです。

8）**Il y avait des traces de lutte. Selon toute probabilité, il *s'agirait* d'un assassinat.**

争ったあとがありました。あらゆる可能性から見て、他殺と思われます。

5）ヴァーチャル反現実 〜してもらえない ↓ダメで元々だから 頼んでみよう	6）7）8）ヴァーチャル反現実 他人の情報で信用できない ↓自分に責任はないので 言うだけは言ってみよう

　5）の pourriez-vous が直説法を使った pouve-vous...? より婉曲的にな
るというのは、まさに条件法の使用により「〜してもらえない」という
ヴァーチャルな反現実が形成されるからです。こうしておけば、頼むほう
も頼みやすい、断るほうも断りやすい、という雰囲気で交渉できます。こ
れを条件法の「ダメもと」用法と呼びます。

　6）7）8）の推測・伝聞用法は、「この情報は間違い」というヴァーチャ
ルな反現実を形成して、後で仮に虚報だったことが判明しても自分の責
任ではないという前提で話ができます。8）の条件法などは selon toute
probabilité「あらゆる可能性から見て」という表現と明らかに矛盾してい
ますが、あくまでも伝達者としては情報が間違っている可能性を否定せ
ず、しかもその場合は人のせいにできるわけです。「責任逃れの条件法」
と呼ばれるゆえんです。

ことばの旅… 語源のおもしろさ…

～～～～～～～～～～～～～～～～～～～～～～～～～～～～～～～～～～～～～～～

　p.92-94 のコラムでは、単語の日本語訳を知っていても必ずしも正確な解釈はできない、というお話をしました。でも、やはり、語彙も大事です。そこで、私が実践した単語学習法を紹介しましょう。

　私の敬愛するジョルジュ・グゥジュネム Georges Gougenheim 先生はフランス語の基本語の選定に力を尽くされたかたですが、私が特に愛読したのは *Les mots français* という 3 巻からなる本でした *。

　この本は私たちがふだん何気なく使っている様々な語の歴史的成り立ちをやさしく説き聞かせてくれます。たとえば champion... とは言っても 40 年以上も前のことですからうろ覚えです。以下、語源辞典を頼りに説明します。私たちがふつうに使っている「チャンピオン」が、いつ、どんなふうに出現したか注目してください。その過程でいろいろな単語に触れることができます。

[AGER] ラテン語では champ「畑」のことを *ager* と言ったそうです。ちなみに、フランス語における **agriculture**「農業」の出現は中世のことで、ラテン語の *agricultura* から作りました。「畑 agri ＋耕作 culture」なので、まさに「農業」ですね。では、フランス語ではどうして champ「畑」なのでしょうか。

[CAMPUS] もともと plaine「平地、平原」を意味したラテン語の *campus* が、「平地＝畑」というわけで *ager* に取って代わります。これが champ「畑」の先祖になりました。ちなみに、plaine はラテン語で「平たい」という意味の形容詞 *planus* から来ています。ついでですから、これと関連づけてフランス語の **plan**「平面」も覚えましょう。また、**campus** は「キャンパス」としておなじみですが、これは回りまわってアメリカ英語から 19 世紀末にフランス語に入ったようです。ただし、発音は "カンピュス" です。

CAMPANEA　campagne「田園地帯」に相当するラテン語は *rus* です。こ
れから、urbain(e)「都市の」に対する rural(e)「田園地帯の」という形容詞
ができました。しかし、*rus* に代わって *campanea* が使われるようになり、
これがフランス語に入って champagne になりました。しかし、今では地方
名としての la Champagne「シャンパーニュ」、その特産品である発泡ワイン
le champagne「シャンパン」の意味しかありません。「田園地帯」という意
味の campagne は campaigne の形で、16 世紀にプロヴァンス語あるいは
フランス北部のピカール方言からフランス語に入ったと言われています。

　ところで、campagne には「遠征」とか「キャンペーン」とか「戦い」を
想起させる意味もあります。そこでもう一度ラテン語の *campus* に戻って考
えてみましょう。

CAMPUS　*campus* は「平地」です。戦（いくさ）は主として平地で行われるので、
↓　　　*campus* は champ de bataille「戦場」という意味も持つようになりま
↓　　　した。

KAMPJO　ローマ軍にはたくさんのゲルマン人傭兵がいたので、「戦い」と
↓　　　いう意味の *campus* からゲルマン語の *kampjo*「戦う者」が派生しまし
↓　　　た。ヒトラーの"Mein Kampf"「わが闘争」を想起させる語です。ちな
↓　　　みに、「わが闘争」はフランス語で"Mon Combat"と言います。

CHAMPION（仏語）ゲルマン語の *kampjo*「戦う者」がフランス語に入った
↓　　　のは中世のことです。やっと champion の登場ですが、まだ「チャンピ
↓　　　オン」という意味はなく、とりわけ決闘裁判において戦う者を指したよ
↓　　　うです。

CHAMPION（英語）　その後、同じ意味でフランス語から英語に入りました。
↓　　　英語でも上記の意味で使われていたのですが、イギリスでは「優勝者」
↓　　　「チャンピオン」の意味のほうが優勢になりました。

チャンピオン　その「チャンピオン」の意味がフランスに逆輸入されたのは、
19 世紀のことです。ただし、英語の *championship* に相当する語としては、

フランス語独自の語形成規則に従い **championnat**「(スポーツ)大会」ができました。

　このようにスポーツ先進国イギリスから多くのスポーツ表現が世界に広がったのだと思います。日本語では新しい意味でのみ「チャンピオン」が使われていますね。

　19 世紀ごろに英語からフランス語に入った語を思いつくままに挙げると、la boxe「ボクシング」、le football「サッカー」、le golf「ゴルフ」、le hockey「ホッケー」、le handicap「ハンディキャップ」、le knock-out「ノックアウト」、un match「試合」、la performance「成績、記録」、le record「記録」、le rugby「ラグビー」、shooter「シュートする」、le sport「スポーツ」、un supporter「サポーター」、le tennis「テニス」(これはフランス語のTenez ! から来ているそうです。百年戦争の 15 世紀、捕虜になりイギリスに連れて行かれたオルレアン公が le jeu de paume「ジュ・ド・ポーム」愛好家で、サーヴをする時の Tenez ! という彼のかけ声が数百年後に成立するテニスの語源になったと言われています)、等々。

CAMPING そう言えば、やはり campus を祖先に持つ **camping**「キャンピング、キャンプ場」が英語からフランス語に入ったのも 19 世紀ごろのはずです。ただし、発音は "カンピング" なので気をつけましょう。

注 * Gougenheim はアルザス地方にある小さな村で、「グッゲネム」が正しい発音らしいのですが、私にとっては完全なフランス語読みの「グゥジュネム」先生です。なお、先生がお亡くなりになって 40 年近くになりますが、念のため調べたら *Les mots français* は 2008 年に 750 ページほどの 1 巻本にまとめられ、Presses de la Cité 社から再刊されています。

4章
語りの世界

フランス語で書かれた小説などを読む時の、内容・意味ではなく感覚的に感じる心地よさ、それはリズムとか響きとかいろいろあるのですが、もう１つの要因は「自由間接話法」の存在だと私は考えています。そこで、教科書や参考書であまり説明されることのない「自由間接話法」にかなりのページを割きました。これがわかれば、きっと本を読む喜びがもう１つ増えるはずです。また、「語り」には単純過去と現在形が使われ、複合過去は使わないということもぜひ理解して欲しいと思います。ところで、本書を書き終えてから、フランスのサイトに「小説を複合過去で書き出しましたが、果たしてうまくいくでしょうか？」という、おそらく作家志望の女性の投稿がありました。この章、そして p.152-154 のコラムと５章を読んでいただければおのずと結論が出ます。

1課　自由間接話法への招待
— 作中人物の身になって考える

(問題)　次の文の elle を je に換えて、現在形を中心とする文にしてください。

1) ① **Roger devait venir à neuf heures ; il en***était sept ; *elle* avait tout le temps. Le temps de s'allonger sur son lit [...].**　(* en = heures)

> ロジェは9時に来ることになっていた。7時だった。（だから）彼女にはたっぷり時間があった。ベッドに横になる時間が […]。

② **Roger allait venir, *elle* lui expliquerait, *elle* essaierait de lui expliquer. Il dirait « oui, bien sûr ».**

> ロジェが間もなく来るのだった。彼女は彼に説明するつもり、説明に努めるつもりだった。（そうしたら）彼は言うだろう、「ああ、もちろんそうだよね」と。

③ **À neuf heures, Roger sonna et en lui ouvrant, en le voyant souriant [...], *elle* se dit, une fois de plus et avec résignation, que c'était là son destin [...]. Il la prit dans ses bras [...].**

> 9時にロジェが（入り口の）チャイムを鳴らした。ドアを開け、その前でニッコリしているロジェを見ると、[…] またしてもあきらめ半分で、これが自分の運命なのだと心で呟いた […]。ロジェは彼女を抱き寄せた […]。

---

① Roger *doit* venir à neuf heures ; il en *est* sept ; *j'ai* tout le temps. Le temps de *m*'allonger sur *mon* lit [...].

> ロジェは9時に来ることになっている。（今）7時だ。（まだ）たっぷり時間があるな。目を閉じてベッドに横になる時間が […]。

② Roger *va* venir, *je* lui *expliquerai*, *j'essaierai* de lui expliquer. Il *dira* « oui, bien sûr ».

> そろそろロジェがやって来るころだな。（今度こそ私の気持を）はっきり説明してやるぞ。できるだけ説明しなくちゃ。（そうしたら）あの人、言うだろうな、「うん、もちろんそうだよね」って。

---

③ À neuf heures, Roger *sonne* et en lui ouvrant, en le voyant souriant [...], *je me dis*, une fois de plus et avec résignation, que c'*est* là *mon* destin [...]. Il *me prend* dans ses bras [...].

> 9時にロジェが（入り口の）チャイムを鳴らす。ドアを開け、その前でニッコリしているロジェを見ると、［…］またしてもあきらめ半分で、これが自分の運命なのだと心で呟く［…］。ロジェは私を抱き寄せる［…］。

　普通の文体、すなわち「語り」の進行を単純過去で示す小説や歴史書は、原則としてこのように現在形中心に書き直すことができます。また、たとえば、ジョークも「語り」の1つですが、次のように現在形が使われます。

2) C'est une voiture suisse qui *est* arrêtée au feu rouge. Le feu *passe* au vert et elle ne *démarre* pas. Alors une voix *vient* de derrière :

— Eh ! Guillaume Tell ! T'attends* qu'elle mûrisse**? (* 次に母音が来ると話し言葉で tu は t' になることがある。**mûrir の接続法)

> スイス車が赤信号で停車してたら、信号が青に変わったんだ。でもね、これがなかなか発進しないんだな。そこで後方からひと声。「おーい、ウィリアム・テルさんよ！ リンゴが熟すまで待つ気かよ？」（せっかちなフランス人がのんびりしたスイス人気質をからかったジョーク）

　ところで、あくまでも「語り」の時制は単純過去なのですが、フランス語では、とりわけ心理描写の入る小説類の場合、作中人物の「声」あるいは「思い」が**自由間接話法**という形で地の文にさりげなく挿入されることがよくあります。フランス語で書かれた物語を読む時、単調になりがちな説明的部分にタイミングよく間接話法が現れると、読者はほとんど無意識に視点やリズムを変化させながら、心地よく読み進むことができます。さて、1) では**自由間接話法**がどういう現れをしているでしょうか。この課の最後に答が出てきます。

　ところで、1)は、une jeune femme から une femme jeune への変わり目にある女性がヒロインです（この変わり目というのは微妙ですね。une

113

jeune femme から une femme jeune... ちなみに彼女は 39 歳です）。現在
の恋人ロジェとの付き合いはやや惰性的になり、ロジェが浮気をしている
可能性もあります。そこである決意をもってロジェを待ち構えているので
すが… 以下、単純過去中心と現在形中心とではどのように違うのか、表
にして比べてみましょう（「自由間接話法を説明するために、ヒロインの
人称も elle から je に変えています）。

　右ページの表で明らかなように、過去の語りで使われる半過去は近未来
の助動詞 allait → va も含め自動的に現在形に置き換えることができます。

　それに対して、単純過去を日常の現在形で置き換えることは不可能で
す。「発話時点（今）」で Roger sonne と言えば普通「チャイムを鳴らして
いる」で、場合によって「チャイムを鳴らす（ところだ）」という意味にな
りますが、純粋な「チャイムを鳴らす」はありえません。je me dis も発話
時点で使えば「心で呟いている（＝思っている）」です。Il me prend は完
結動詞ですから、さらに発話時点では使いにくく「抱いている」にさえな
りません。近未来的に使うのがせいぜいです。もちろん、習慣的であれば、
Roger sonne「（いつも）チャイムを鳴らす」、je me dis「（いつも）心で呟
く」、Il me prend「（いつも）私を抱く」は問題ありません。しかし、その
場合、過去に置くと単純過去ではなく半過去になることに注意しましょう。

　ところで使いにくいと言いながら、p.113 の解答欄にある現在形 À neuf
heures, Roger *sonne* et [...] je *me dis* [...]. Il *me prend* dans ses bras [...]. に
はまったく問題ありません。いったい、これはどういうことでしょうか。
もう一度表を見てください。語りを担う単純過去に対応する現在形は「語
り」の現在です。この「語り」の現在は今（＝発話時点で）使われる普通
の現在形とは全く違い、2) のようなジョークに使われるだけでなく、小
説なども現在形中心に書くことができます。これに対し、一貫して複合過
去で小説を書けると思ったら、それはまったくフランス語時制体系を知ら
ない幼稚な考えです（p.132-135, p.152-154 参照）。

① Roger *devait* venir（半過去）	Roger ***doit*** venir（現在）
il en *était* sept（半過去）	il en ***est*** sept（現在）
elle avait tout le temps（半過去）	***j'ai*** tout le temps（現在）
② Roger *allait venir*（過去近未来）	Roger ***va venir***（近未来）
elle lui *expliquerait*（過去未来）	***je*** lui ***expliquerai***（未来）
elle essaierait（過去未来）	***j'essaierai***（未来）
Il *dirait*（過去未来）	Il ***dira***（未来）
③ Roger *sonna*（単純過去）	Roger ***sonne***（「語り」の現在）
elle se dit（単純過去）	***je me dis***「語り」の現在）
c'était là *son* destin（半過去）	*c'est* là ***mon*** destin（現在）
Il *la prit*（単純過去）	Il ***me prend***（「語り」の現在）

　さて、過去未来（＝条件法現在）も同様に自動的に未来形で置き換えられますが、視点が語り手にあるのか読者にあるのかは微妙です。②の部分をもう少し稚拙に訳してみましょう。

　　そろそろロジェが来るころだった。彼女は彼に説明するだろう、説明しようと試みるだろう。彼は「うん、もちろんそうだよね」と言うだろう。

　このように読むと、すべてを知り尽くした全知全能の作者がこれから起ることを読者に知らせる形になりますが、実は、この小説ではそのように進行しません。したがって**自由間接話法**として解釈するしかないのです。今現在の自分のこととして読むべきです。無意識に作中人物になりきって、「読者が物語を生き、考える」と言ってもいいでしょう。そうすると実は、過去未来（＝条件法現在）を未来形に置き換え、実際にヒロインが心の中で思ったように訳すほうが日本語ではぴったり来ます。

　　そろそろロジェがやって来るころだな。（今度こそ私の気持を）はっきり説明してやるぞ。できるだけ説明しなくちゃ。（そうしたら）あの人、言うだろうな、「うん、もちろんそうだよね」って。

2課　自由間接話法のテクニック
― 時制の一致

問題　次の例は、最初の単純過去の文を除き、自由間接話法になっています。ということは、実際の発言が隠れているということですが、日本語ではその発言に近い形で訳さざるを得ません。下線部 a) 〜 f) を直接話法にしてください。

1）［5月革命の余韻が残り大学紛争が盛んだったころ、4人の学生が話し合っています］

Ils échangèrent leurs informations. Les flics ? *Non*, a) il n'y en* avait pas à l'entrée du campus. L'A.G.** ? *Eh bien*, beaucoup de monde, une ambiance du tonnerre, b) on venait de décider une campagne d'explication dans les usines, *demain* c) des délégations se présentaient aux portes de Renault, *dimanche* d) il y aurait distribution de tracts sur les marchés de banlieue, [...], e) la victoire approchait, et f) le capitalisme pourri se serait déjà effondré si les stals*** n' avaient saboté... (* en = [pas] de flics ** L'A.G. = L'Assemblée Générale *** stals = stalinistes)

彼らは情報を交換した。お巡りたちは？ いや、キャンパスの入口にはいない。全学集会は？ それがね、出席者は多いし、すごいことが起りそうな雰囲気。あちらこちらの工場で説明のためのキャンペーンをすることが決定されたばかりなんだ。明日、ルノー工場の前に代表団が行くことになってる。日曜には郊外の市場でビラ配りをすることになるだろう。[…] 勝利は近いぞ。それにさ、スターリン主義者の妨害活動がなかったら、腐敗資本主義はすでに崩壊してるはずなんだ…

a) il n'y en *a* pas　b) on *vient de* décider
c) des délégations *se présentent* aux portes
d) *il y aura* distribution de tracts　e) la victoire *approche*
f) le capitalisme pourri *se serait* déjà *effondré* si les stals n'*avaient saboté*

過去の一時点中心	発話時点中心
la veille　前日	hier
ce jour-là　その日	aujourd'hui
le lendemain　翌日	demain
le dimanche précédent　前の日曜日	dimanche (dernier)
le dimanche suivant　次の日曜日	dimanche (prochain)

　自由間接話法かどうかは自然に感じとるものであって、むきになって問題にすることもないのですが、なじみのない日本人読者としては慣れておくにこしたことはないでしょう。まず、誰が見ても間接話法だろうというのが 1）の文例です。ここでは、イタリックの部分を見ても会話が交されていることが明白です。Non は質問に対して直接答えた形だし、Eh bien も質問に対して一呼吸を置く会話特有の表現です。また、demain, dimanche は言うまでもなく aujourd'hui「今日」を中心とした副詞ですから半過去 se présentaient と矛盾しています。したがって、この文は単なる地の文としては受け入れられません。自由間接話法としてしか読めないのです。

　また、ここでは前の 1 課で見た登場人物の心の動きをとらえる自由間接話法とは違う効果が出ています。高揚した雰囲気の中で質問や情報が飛交う臨場感がありますね。直接話法を使っていちいち誰の発言か説明しようとすると平板で鈍重なものになってしまうでしょう。

　いずれにしても、時制の一致の文法練習は退屈で面倒なものですが、自由間接話法に対する勘を養う意味で意外に役立つかもしれません。間接話法と直接話法の動詞活用形を表にして比較しましょう。半過去が現在形、過去未来（＝条件法現在）が単純未来という変化は 1 課の例と変わりませんが、反現実の条件法 le capitalisme pourri se serait déjà effondré si les stals n'avaient saboté は間接

自由間接話法	直接話法
a) avait（半）	a（現）
b) venait（過去の近過去）	vient（近過去）
c) se présentaient（半）	se présentent（現）
d) aurait（過去未来）	aura（未来）
e) approchait（半）	approche（現）
f) 反現実の仮定条件文は変化しない	

話法でも直接話法でも形を変えないので要注意です。ここは条件法過去ですが、もちろん次例のように条件法現在もあります。

2）Elle（= sa mère）lui faisait des plaintes sur son indifférence, alors qu'il *devrait* être content d'avoir le pied sur le premier barreau de l'échelle.

> 母親は（せっかくバカロレアに合格した）彼のどうでもいいという態度に愚痴をこぼすのだった。（人生の）階段（←はしご）を昇っていく最初の一段に足をかけたのだから喜んでもいいはずなのにというわけだ。

il *devrait* être content を直接話法にしても、Tu *devrais* être content... 「あなた、喜んだっていいんじゃない？」のように条件法現在のままです。

自由直接話法もある

自由間接話法のテクニックはきわめて多様で、分厚い 1 冊の本でも書かなければ語り尽せません。次の 3）4）は**自由直接話法**とでも呼ぶべきもので、途中で「語り手としての私」から「登場人物としての私」へと完全に入れ替ってしまいます。心の中の叫びをそのまま文字にしており、3）から 4）へと続く「語り」の現在の地の文にいきなり過去形（イタリック体）が出てくるおもしろい例です。

3）［知り合ったばかりだけれど一緒に食事をしてすっかりいいムードになった 2 人がレストランを出るところです。彼は私に黒のコートを差出すのですが、と、その時］

J'admire le travail de l'artiste, chapeau bas, c'est très discret, c'est à peine visible, c'est vraiment bien calculé et c'est drôlement bien exécuté : en le déposant sur mes épaules nues, [...] il trouve la demi-seconde nécessaire et l'inclinaison parfaite vers la poche intérieure de sa veste pour jeter un coup d'œil à la messagerie de son portable.

> 感心するよ、この名人芸。恐れ入りました。実にさりげない、目にもとまらぬ早業。計算しつくした、メチャじょうずな裏技。[…] 私のむき出しの肩にコートを着せかけながら、こいつ、0.5 秒の隙を見つけ、絶妙な角度から自分の上着の内ポケットを覗いて携帯メールを読みやがった。

　ここまで現在形中心の語りが進んできましたが、次の 4) の①から②にかけて自由直接話法への移行が生じ、③の**複合過去**からはっきり心の中の叫びになります。そして、④ではなんと、直接話法のほうに**半過去**が使われています。「せっかく〜だったのに！」というように「口惜しさを表す」半過去です。現在の状況との対比で使われるこの種の半過去については、いずれ 5 章 3 課（p.148）で説明したいと思います。

4) ① **Je retrouve tous mes esprits. D'un coup.**

　② **Le traître. L'ingrat.**

　③ **Qu'*as*-tu donc *fait* là malheureux !!! Quelle affaire t'*a semblé* plus importante que mes seins qui *s'offraient* à ta vue ?**

> ①私のうっとりした気分は、いっぺんに、どこへやら（←完全な判断力を回復する）。②このウラギリモノー！ オンシラズー！ ③何てことをしでかしてくれたんだよ、このドアホー !!! あんたの目に惜しげもなく曝された私の胸以上に大切なことって何だったのさ？

　Le traître, *L'*ingrat の定冠詞は、この際、他のすべての「裏切り者たち」「恩知らずたち」が脳裏から去り、「今、裏切り者、恩知らずといえばこいつしかいない」という典型的な〈定冠詞単数＋名詞〉の例です。たとえば、ひどいことをされたら、思わず *Le* salaud !「このげす野郎！」、殺されそうになったり盗まれたりしたら、とっさに À *l'*assassin !「人殺し！」、*Au* voleur !「泥棒！」と叫ぶのは、すべて定冠詞の同じ用法です。こうした今現在にしか使わない言い方が地の文にあったら自由間接話法の可能性大です。

　④ **Par quoi te laisses-tu importuner alors que j'*attendais* ton souffle sur mon dos ? Ne *pouvais*-tu donc pas tripoter ton maudit bidule après, seulement après m'avoir fait l'amour ?**

> ④私の背中をくすぐる、そんな吐息を待ちかまえてたっていうのに、おじゃま虫に気をとられるなんて！ そんな呪われ野郎（＝携帯）をいじくるのは後回しにすりゃよかったんだ。せめて、ちゃんと私にセックスしてくれてからにしろよ（←セックスした後でいじくることはできなかったのか）。

3課　語りの時制：単純過去
— 複合過去との違い

[問題]　マルセル・プルースト Marcel Proust の『失われた時を求めて *À la recherche du temps perdu*』は、1) のように複合過去で始まるというとても興味深い出だしになっています。言葉の資源を駆使するこの小説もやはり「語り」ですから、複合過去はほとんど出てきません。2) はその数少ない複合過去の例です。これらの複合過去と 3)の単純過去を時間軸上に位置づけてみましょう。

1) **Longtemps, je *me suis couché* de bonne heure. Parfois, à peine ma bougie éteinte, mes yeux se fermaient si vite que je n'avais pas le temps de me dire : « Je m'endors. »**

   (私の今までの人生で) 早寝をした長い時期がある。[その頃は] ときには蠟燭が消えるとすぐ眼が閉じられ、そのあまりの速さに「ぼく眠るんだ」と自分に言い聞かせる間もなかったほどだ。

2)〔...〕**comme je l'*ai appris* plus tard, une angoisse semblable <u>fut</u> le tourment de longues années de sa vie, et personne aussi bien que 〔Swann〕 peut-être, n'aurait pu me comprendre ;〔...〕**

   後年知ったことだが、(私と) 同じように強い不安が長い年月スワンを苦しめていたのだった。だから (今にして思えば) おそらくスワンほど私の気持ちを理解できそうな人間は他に1人もいなかったのだ。

3)〔母親にキスをねだりたいと思った Je <u>voulus</u> embrasser maman が、お客がいる時は禁じられている。そこで、マルセルは母親に頼まれたからと嘘をついて、お手伝いのフランソワーズに手紙を託す〕**Je pense que Françoise ne me ₐ₎crut pas 〔...〕; elle ᵦ₎regarda pendant cinq minutes l'enveloppe 〔...〕. Puis elle ᵤ₎sortit d'un air résigné 〔...〕. Elle ₔ₎revint au bout d'un moment me dire qu'il était impossible 〔...〕 de remettre la lettre 〔...〕, mais que,**

[...] , on trouverait le moyen de la faire passer à maman. Aussitôt mon anxiété $_{e)}$tomba ; [...]

(今考え直してみれば) フランソワーズは私の言葉を信じなかったと思う。フランソワーズは 5 分間も封筒を見つめていたが、それから仕方ないというように部屋を出て行った。しばらくして戻ってきたフランソワーズは、今は手紙を渡せないが、何とか機会を見つけてママに届けると言ってくれた。すると私の不安はすぐに消え去った。

---

1) プルーストの人生の一時期 -----------| ＝＝＝＝＝＝＝＝＝ |------------------ (今)
　　　　(語りの枠にはまらない) *je me suis couché*：複合過去

2) スワンの人生の一時期 --------| ＝＝＝＝＝＝＝＝ |------- ▲ ------------------ (今)
　　　　単純過去：*fut* le tourment　　je l'*ai appris*：複合過去

3) マルセルの子供時代 ------------------/$_{a)}$▲ $_{b)}$▲ $_{c)}$▲ $_{d)}$▲ $_{e)}$▲ /-------- **断絶** -------- (今)
　　　　継起的出来事＝「語り」の単純過去

---

　1) の複合過去はプルーストが生まれてから執筆時現在に至るまでの全人生の中の一時期を示します。このように「私＝プルースト」の発話時（＝執筆時）に連なる過去としては、複合過去を使わざるを得ません。2) の「私は知った」も語りの対象となっている時期から執筆時現在に至るまでの間のことですから複合過去を使わざるを得ません。それに対して、作中人物であるスワンについては être の単純過去 fut が使われています。

　以上で明らかになるのは、複合過去が「今現在」と「発話者 je」から切り離すことができない時制形だということですね（p.162-163 参照）。

　3) は典型的な単純過去の用法で、Je voulus embrasser maman「ママにキスをしたいと思って」から a)「フランソワーズは信じなかった」を経て e)「私の不安は消えた」まで、まとまりをもった「語り」を形成し、なおかつ「今現在」から切り離されています。

　ところで、継起的でなくポツンと登場する単純過去があります。2) の une angoisse semblable *fut* le tourment de longues années de sa vie もその 1 つですが、もう少しわかりやすい例を同じ『失われた時を求めて』から

引用しましょう。出だしの数十ページは半過去主体の目覚め時の夢かうつつか見当のつかない描写が延々続くのですが、4）のように孤立した単純過去がたまに出てきます。

自立用法の単純過去

4）**Quelquefois, comme Ève *naquit* d'une côte d'Adam, une femme naissait pendant mon sommeil d'une fausse position de ma cuisse.**

ときたま、太ももを変な姿勢にして眠ってしまうと、イヴがアダムのあばら骨から<u>生まれた</u>のと同じように、（その太ももから）ひとりの女が<u>生まれてきたりするのだった</u>。

```
          ----------  人生の一時期  --->  （今）

単純過去で人類の原初へ        ↓  （半過去主体）

  イヴの誕生   <----------------
```

　このように単純過去は、「今現在の私」から切り離されるだけでなく、「語り」の中にも組み込まれず、完全に自立した動かしがたい事実や言い伝えを示し、しかもこの場合、一気に人類の誕生にまで時間を遡っています。

　以上のように、単純過去は完全な過去において、または現実と切り離されたフィクションの中で、出来事・事柄が成立したこと（否定の場合は不成立だったこと）だけを示し、それ以外の機能はありません［右ページの5）を参照］。そして、時間軸上で明確に位置づけられるのは単純過去だけです。独立した文中にあっても従属節中にあっても、他の要素に影響されることのない安定した時制形です。3）では、主節の動詞が現在形 je pense que... になっていますが、この発話時点に影響されることなく Françoise ne me *crut* pas が成立します。

　単純過去はそれぞれが独立しているので、一連の連続した出来事を表す時は、6）のように出来事が生じた自然の順序どおりに配置するのが原則です。別に単純過去に出来事の連続性を示す働きがあるわけではありませ

ん。7) のように dès que... など明確な時間的な位置づけがあれば、順序が
逆になってもかまわないのです。

5) François Mitterrand *fut* réélu en 1988.

> フランソワ・ミテランは 1988 年に再選された。

6) César ₍ₐ₎*battit* les Gaulois à Alésia. Il ₍ᵦ₎*fit* prisonnier leur chef Vercingétorix qu'il ₍ᵪ₎*emmena* à Rome.

> カエサルはアレジアでガリア軍を ₍ₐ₎破り、敵将ヴェルサンジェトリクスを ₍ᵦ₎捕虜にして
> ローマに ₍ᵪ₎連行した。

7) Les passagers ₍ᵦ₎*descendirent* dès que l'avion ₍ₐ₎*atterrit*.

> 乗客は ₍ₐ₎着陸するとすぐに飛行機から ₍ᵦ₎降りた。

5) 自立文	:（単純過去）
6) 継起文	:a) - b) - c)（単純過去）
7) 逆順継起	:b) ← a)（単純過去）

　状態動詞・持続動詞の場合、単純過去は 8) のように一定期間の状況を
示す用法になりますが、9) 10) のように「状態変化」を表す働きもあり、
日本語の「～になった」に相当することがあります。

8) Longtemps, elles ne *parlèrent* pas. Jeanne, sans bouger, demanda enfin à voix basse : «...»

> 長い間 2 人は話さずにいた。ジャンヌが、身体を堅くしたまま、ようやく低い声で訊ねた。

9) A partir de ce jour, elle *fut* capricieuse, prenant ou ne prenant pas les remèdes, selon son humeur du moment.

> その日から彼女はわがままになり、その時々の気分によって薬を飲んだり飲まなかった
> りするようになった。

10) J'*eus* vingt ans, l'automne *évolua* vers l'hiver, mais il n'y eut pas de changement significatif dans ma vie.

> 私は 20 歳になり、秋は冬へ向けて深まっていったが、私の生活にはこれといった変化
> はなかった。

4課 「語り」の単純過去から「語り」の現在へ
— 2つの現在形

（問題） 「語り」の単純過去は現在形で置き換えることができます。3課
（p.123）の文例 5）6）7）を現在形の文に変換しましょう。

1）= 5）**François Mitterrand *fut* réélu en 1988.**

2）= 6）**César** ₐ)***battit* les Gaulois** ［...］**. Il** ᵦ)***fit* prisonnier leur chef** ［...］
qu'il ꜀)***emmena* à Rome.**

3）= 7）**Les passagers** ᵦ)***descendirent* dès que l'avion** ₐ)***atterrit*.**

1）François Mitterrand ***est*** réélu en 1988.
　1988 年、フランソワ・ミテラン、再選。

2）César ₐ)bat les Gaulois. Il ᵦ)fait prisonnier leur chef qu'il ꜀)emmène à Rome.
　カエサルはガリア軍を ₐ) 破り、敵将を ᵦ) 捕虜にしてローマに ꜀) 連行する。

3）Les passagers ᵦ)descendent dès que l'avion ₐ)atterrit.
　乗客は ₐ) 着陸するとすぐに飛行機から ᵦ) 降りる。

　これらの「語り」の現在は「今現在」には使えないことに注意しましょう。
同じ battre や descendre の現在形でも時制的価値が違ってしまいます。

4）**Il *bat* sa femme.**　　彼は奥さんを殴るような奴なんだ（習慣・性格）。

5）**On est prêtes*, on *descend* dans une minute.**（*-es なので、on「私たち」は
女性・複数）

　用意できたから、今すぐ降りていくわね（近未来的）。

6）**Terminus, tout le monde *descend* !**

　終点です、みなさん、お降りください。（指示・命令）

> **発話時点の現在形**
> 1）習慣・性格
> 2）近未来
> 3）指示・命令

　現在形は「語り」だけでなく 7）の年表のように個々の出来事を独立し
て伝える場合に最適です。このように発話時点から切り離された場合、や

はり単純過去（自立用法 p.122 参照）に対応していますね。

7) **1625 : Richelieu *reprend* le combat contre les protestants.**

1626 : Richelieu *fait* construire les bâtiments de la Sorbonne.

1627 : Richelieu *met* le siège devant La Rochelle.

1625: リシュリュー、新教徒に対する戦いを再開

1626: リシュリュー、ソルボンヌ大学校舎を建設

1627: リシュリュー、ラ・ロシェル攻略を開始

それどころか、歴史や物語にも絶大な力を発揮します。語りの中核に現在形を採用するとほとんどすべての動詞の活用形を無理なく駆使することができるからです。8) では a) 責任逃れの条件法「〜のように思えないでもない」、b) 語りの現在「続行する」、c) 現在完了としての複合過去「被害を被った」、d) 当時の状況を表す現在形「決意していた」、e) 語りの現在「宣言する」、f) 後で実際に生じたことを表す語りに特有の 100% 確実な未来形「(その後) 〜にまで行きつくことになる」、g) 実際に生じたことに関して、過去を振り返る形で結論や評価を下す前未来「(結局) 〜であったということになる」が使われています。

次ページの図では非常に複雑な時間関係になっていますが、現在形を使うと対象時点より先に位置する出来事や判断を未来形・前未来形で処理できるのが強みです。単純過去の場合は、判断は語り手の発話時点となり、「語り」と「発話」という 2 つの時制空間ができますが、「語り」の現在形を使うと「発話時点」を排除することができ、より一層の客観性を獲得できる、というのが私の個人的な考えです。

8) **Cet équilibre relatif** (a)***semblerait* pouvoir permettre des négociations de paix ou des renversements d'alliance. Mais Hitler** (b)***poursuit* son délire idéologique. Les Japonais <u>sont</u> prisonniers de l'inébranlable orgueil de leur caste militaire. Les Soviétiques** (c)***ont subi* trop de pertes et de destructions et** (d)***sont* décidés à se**

venger de leurs envahisseurs barbares. En janvier 1943, Roosevelt, ₑ) *proclame* que les buts de guerre sont réduits à une formule très simple : la reddition inconditionnelle de l'Allemagne, de l'Italie et du Japon. On f) *ira* donc jusqu'au bout de la guerre. Dans ce sens-là, aussi, l'année 1942 g) *aura* été un tournant.

この（軍事面の）相対的な均衡が和平交渉、あるいは同盟関係の大転換を可能にするかのごとき様相を見せていた a) とも言えよう。が、しかし、ヒトラーは思想的妄想（の道）を b) 突き進み、日本は揺らぐことなくおごり高ぶった軍閥に押え込まれていた。（他方）あまりの犠牲者を出し、あまりの破壊を c) 被ったソ連は、容赦のない侵入者たちに対する復讐を d) 決意していた。1943 年 1 月、ルーズベルトは、戦争の目的はきわめて単純な表現で言い表わすことができると e) 宣言する。すなわち、ドイツ、イタリアおよび日本の無条件降伏である。したがって、戦争は究極まで f) 続けられるのである。このような意味でもまた、1942 年は 1 つの岐路 g) であったということになる。

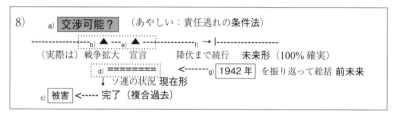

複雑な図ですが、a) 条件法、c) 複合過去、d)「状況」を表す現在および g) 前未来は時間軸上に乗りません。条件法は事実かどうか疑問、複合過去は「ソ連の状況」に対する相対時制、「状況」を表す現在は起点と終点がない相対時制、前未来は対象時点に対する判断だからです。

ところで次の「語り」の現在が主体の 9) 10) では冒頭と結びに大過去が出てきます。なぜ複合過去でないのか、実におもしろい問題が潜んでいます。

9) Le rédacteur en chef d'un grand quotidien *avait recommandé* à un jeune journaliste : « Faites court, mon ami, faites court. »

Appliquant ce bon conseil, le jeune homme rédige ainsi son premier fait-divers : « M. Martin était jaloux. Il avait raison. Enterrement demain, à 5 heures, de Mme Martin et de son amant ».

大新聞の編集長が新米記者に「あのな、記事は短く書くんだぞ」とアドバイスした。新米はこのグッド・アドバイスに従い次のような三面記事を書く。「マルタン氏は嫉妬していた。嫉妬も無理からぬこと（で当然の結果を招いた）。明日の5時、マルタン氏の妻とその愛人の埋葬（が執り行なわれる）」

10）C'est un bonhomme qui tombe du haut de la tour Eiffel. Quand il s'écrase en bas, il est complètement chauve. Et au bout d'une heure ou deux, ses cheveux tombent lentement du haut de la tour. Tout ça parce qu'il *avait pris* une lotion qui retardait la chute des cheveux...

1人のオッチャンがエッフェル塔から飛び降りたんだがね … 地面（←下）に激突した時、オッチャン、ツルッ禿になっていた。それから1,2時間して、なんと髪の毛が塔の上からゆっくり落ちてくるじゃないか。どういうことかって言うとね、オッチャン、抜け毛（＝毛の落下）を遅らせる薬を飲んでたっていうわけ。

11）Demain, j'ai rendez-vous avec un rhumatologue que m'*a recommandé* mon médecin.

明日、医者に勧められたリウマチの専門医と会います。

12）Je pense que ça ira, j'*ai pris* un médicament contre le mal de mer.

大丈夫だと思います、船酔い止めの薬を飲んでおきましたから。

9）10）大過去 → 語りの現在
≠発話時点
11）12）複合過去 → 発話時点

p.125で、「語り」の現在を使うと「発話時点」を排除することができると書きましたが、11）12）のように複合過去があると「発話時点」の排除が難しくなります。それに対して，基本的に大過去は発話時点の排除を明確に宣言しているわけです。

5課　単純過去 vs 複合過去（1）
—『星の王子さま』の２つの世界

問題　次の現在形中心の文例には、突如、単純過去が出てきます。どうしても単純過去を使いたくなった話し手の意図を考えてください。

1) — Il *s'est* aussitôt *excusé* auprès de Mathilde... vous voyez, je *sais* déjà son nom, il en *parle* beaucoup... *c'est* une de vos grandes amies ?
— Ce *fut* une grande amie... il y a dix ans. Nous *nous sommes* un peu *perdues* de vue depuis...

> 「彼、すぐに申し訳ないけど（ご一緒できなくなりました）ってマティルドさんに断りを入れたんです… ほら、私、もう彼女の名前知ってるんですよ。彼ったらマティルドさんの話ばっかりするんですもの… あなたにとって大切な女性のひとりなんでしょうね」
> 「（昔はね、確かに）大切な人だった… 10年前のことだけど。それから、ほとんど顔を合わせることもなくなってしまって…」

2) Il la a)*prend* par le bras et ils b)*marchent*, côte à côte, en silence. Chacun c)*attend* que l'autre parle* le premier. Marat la d)*regarde* du coin de l'œil : le visage qui e)*fut* si beau f)*s'est défait*. (* parler の接続法)

> マラは彼女の腕を a)取り、並んで無言のまま b)歩き出す。2人とも相手が最初に話し出すのを c)待っているのだ。マラは横目で彼女を d)見た。あんなに e)美しかった顔が（今は）f)やつれてしまっている。

　前の4課で考察したように、語りにおいて現在形と単純過去はほとんど同じ働きをしますが、単純過去だけにしかできないことがあります。それは、ある出来事・事柄を決定的に過去の世界のものとして、しかも確固とした揺るぎのない事実として示す働きです。この用法は、1) の話し言葉にも、2) の「語り」の現在を中心とした文例にも登場します。これだけは、いくら現在形が万能とはいえ真似ができません。この単純過去

は、p.122 の 4) Quelquefois, comme Ève *naquit* d'une côte d'Adam, une femme naissait [...]「イヴがアダムのあばら骨から生まれたのと同じように、（その太ももから）ひとりの女が生まれてきたりす

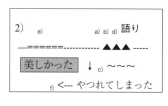

るのだった」で説明した自立用法の単純過去です。

　2) の c) の現在形 attend は語りの a) b) d) に並行しており、また、f) 複合過去形 s'est défait は「語り」に対して「完了したこと / あったこと（経験）」を表す相対時制で、いずれも時間軸上には乗りません。

「星の王子さま」の中の２つの世界

　ところで、同じ文章内で単純過去と複合過去の両方が似たような意味で使用されていることは、それほど稀ではありません。3) と 4) の違いを考えてみてください。

3) Ah ! petit prince, j'*ai compris*, peu à peu, ainsi, ta petite vie mélancolique. Tu n'avais eu longtemps pour distraction que la douceur des couchers de soleil. J'*ai appris* ce détail nouveau, le quatrième jour au matin, quand tu m'as dit : [...]

> ああ！［今は遠くにいる君に言うけど］僕にはそんなふうに少しずつ分ってきたんだ、君のもの悲しいささやかな人生のことが。（その寂しさを）紛らわすには穏やかな夕日を眺めるしかない日々がずっと続いていたんだね。そんなちょっとしたことを僕が新たに知ったのは４日目の朝、君が次のように言った時だ […]。

4) Chaque jour j'apprenais quelque chose sur la planète, sur le départ, sur le voyage. Ça venait tout doucement, au hasard des réflexions. C'est ainsi que, le troisième jour, je *connus* le drame des baobabs.

> （王子さまの）星や旅立ちや旅そのものについて、私は、一日、また一日と、何かしらを知るのだった。それは本当にゆっくりと私に伝わってきた、彼がたまたま何げなく口

にした言葉を通して… 3日目にバオバオにまつわる深刻な話を聞いたのも、やはりそんなふうにしてだった。

訳ではうまく表わせないのですが、両者の違いは次のようになります。

3)　　　　会話の世界	4)　　　　語りの世界
Ah ! petit prince という呼びかけで明らかなように、まさに「今・ここで ici et maintenant」発せられている発話時の言葉である。 主語の je と tu、補語の me、所有形容詞の ta の使用で明らかなように、私と君 (toi et moi) の間で成立するコミュニケーションである。 言葉の発信者 je と 受信者 tu は、通常は自由に入れ替ることができる。ここでは、たまたま遠い星にいる男の子 (＝王子さま) に語りかけているため一方通行の会話になっている。	語り手の言葉がいつ、どこで発せられたかは問題外で、「今・ここで ici et maintenant」とは関係のない世界が形成されている。 男の子 (＝王子さま) と操縦士の物語であって、基本的には il や elle をめぐる 3 人称の世界である。ここで使われている je は登場人物にすぎず、対応する tu をもたない。文法的には 1 人称であるが、意味的には 3 人称に近い。 言葉の発信者 (作者・語り手) と受信者 (読者・聞き手) の関係は固定しており、両者とも通常は「語り」の外に位置する。

会話の世界と語りの世界

　このようにしてみると、フランス語による会話の世界と語りの世界は、まったく異なる世界を形成しているということが分ります。そして、両者の違いが端的に現れるのが複合過去と単純過去の使い分けです。たとえば、3) も 4) も、男の子 (＝王子さま) と操縦士が知りあって 4 日目、3 日目という単なる過去の出来事を語っています。

　しかし、現象的には同じであっても、会話の世界では話し手の肉声なので「現在生きている時制」、すなわち複合過去 (現在完了) を使います。それに対して、「語り」の世界では「完全な過去において、または現実と切り離されたフィクションの中で、出来事・事柄が成立したこと (否定の場合は不成立だったこと) だけを示す」単純過去を使うのが原則です。こ

のことさえ頭に入れておけば、単純過去と複合過去が同一文章内で使われていても面食らうことはありません。

　たとえば『星の王子さま』では、王子さまが登場するまで複合過去が使われています。つまり、それまでの「私 je」は仮想の会話世界で tu, vous（≒読者・聞き手）に対して身の上話をしています。それが、5）の主人公の男の子の出現を境に 6）の単純過去主体の語りの世界に入っていきます。数行しか離れていないのに、同じ動詞 regarder が複合過去から単純過去に変っていることに注目してください。

5）— S'il vous* plaît... dessine*-moi un mouton ! [...]
　　J'ai sauté sur mes pieds comme si j'avais été frappé par la foudre. **J'ai** bien **frotté** mes yeux. **J'ai** bien **regardé.** (＊子供らしさを出すためか、vous と 命令形の隠れた主語 tu という文法的にちぐはぐな文になっている)

　　「あの、すみません ... ヒツジ、描いてくれない?」

　　ボクはもう雷に打たれたみたいに飛び起き、目をゴシゴシこすって、目をこらしたんだ。

6）Je **regardai** donc cette apparition avec des yeux tout ronds d'étonnement. [...] Quand je **réussis** enfin à parler, je lui **dis** :
　　— Mais... qu'est-ce que tu fais là?
　　Et il me **répéta** alors, tout doucement, [...] : — S'il vous plaît... dessine-moi un mouton.

　　そんなわけで私はいきなり現れたこの人影を驚きで目を丸くして見つめた。[…] ようやく口がきけるようになって、私は言った。「いったい…こんなところで何してるんだ?」すると男の子はとても穏やかに繰り返した。[…]「あの、すみません…ヒツジ、描いてくれない?」

　同じ過去のことを語る時、フランス語では複合過去と単純過去の2つの手段があるので、発話時点に繋げるか切り離すかのおもしろい工夫ができます。日本語の強みである1・2人称主語表現の多様性を使って「ボク」と「私」というように訳し分けましたが、なかなか苦しいところです。

6課　単純過去 vs 複合過去（2）
— 正直なルソーからカミュのトリックまで

問題　次の 1)〜3)はジャン＝ジャック・ルソー Jean-Jacques Rousseau の『告白 Les Confessions』からの引用です。1) の現在形から 2) の複合過去を経て 3) の単純過去への移行を説明してください。とくに、2) と 3) で同じ動詞 naître「生まれる」が使われながら、違う時制形になっていることに注目しましょう。

1) Je forme une entreprise qui n'*eut* jamais d'exemple, et dont l'exécution n'aura point d'imitateur. Je veux montrer à mes semblables un homme dans toute la vérité de la nature; et cet homme, ce sera moi.

> 私は全く前例のない計画を進めようとしているが、そのようなことを真似てみようとする人は（今後）決して現れないと思う。(何しろ）ある 1 人の人間について真実の姿をあるがままに描いてみせようというのだから。しかも、その人間とは私自身なのだから。

2) Je *suis né* à Genève, en 1712 [...]. [Mon père]n'avait pour subsister que son métier d'horloger [...]. Ma mère, fille du ministre Bernard, était plus riche.

> 私は 1792 年、ジュネーヴで生まれた。[…] 父は時計職人として腕一本で生計を立てていた。[…] ベルナール牧師の娘であった母は、（父）より豊かであった。

3) [Ma mère] le *pressa* [son mari] de revenir : il *quitta* tout, et *revint*. Je *fus* le triste fruit de ce retour. Dix mois après, je *naquis* infirme et malade. Je *coûtai* la vie à ma mère, et ma naissance *fut* le premier de mes malheurs.

> 母は（トルコに働きに出ていた）夫（＝私の父）に戻ってくるよう懇願し、父はすべてをトルコに残したまま帰ってきた。私はこの帰国時の惨めな産物となった。その 10 ヶ月後、私は障害を持つ病弱の身で生れたのだった。生を受けた私は母の命を奪ってし

　まった。かくして私の誕生は（それから体験することになる）さまざまな不幸の第一歩
　となった。

　フランス語で書かれた物語や歴史書には、このように単純過去と複合過去が混在していることがあります。その場合、複合過去を含む文は基本的には作者や語り手の肉声として考えることができます。ルソーの『告白』は自分がいかにしてこの本を書くに至ったかの説明で始まりますが、冒頭の 1) は今まさに書き始めるという発話時点を話題にしており、もちろん現在形です。「今まで全く前例がない」は qui n'*eut* jamais d'exemple と自立用法の単純過去になっており、複合過去を使った qui n'*a* jamais *eu* d'exemple より強い断言口調です。そして、発話時点以後「真似をする者は出てこない」と「モデルには自分がなる」には未来形 aura, sera が使われていることから、冒頭部分が発話時点を中心とすることは明らかですね。したがって、2) Je suis né「生まれた」の複合過去は作者ルソーが直接読者に自己紹介している感じになります。

　ところが、ルソーの両親の愛情物語から「語り」モードに入り、自分の誕生のいきさつを語る時は単純過去 je naquis「生まれた」となり、"je" は完全に登場人物としてのジャン＝ジャックに変身しています。

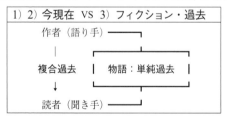

『異邦人』の中のトリック

　今までの説明で明らかなように、基本的に現在完了である複合過去は「今・ここ ici et maintenant」から完全に切り離すことができません。したがって、物語や歴史では単純過去（あるいは現在形）を主体とするのが原則です。作者は複合過去を使って直接口出しすることがあるのですが、あ

くまでも物語の外にいる感じになります。4）のように nous を使って読者を巻き込むこともあります。

4）Un homme entra. Cet homme, *nous le connaissons* déjà. C'est le voyageur que *nous avons vu* tout à l'heure errer cherchant un gîte.

> ひとりの男が入ってきた。この男は我々にはすで顔なじみですね。先ほどねぐらを求めてさまよっている姿を見かけたあの旅人です。

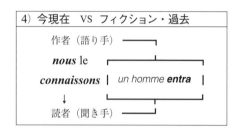

ところで、物語作家というのはいい意味で「言葉のペテン師」なのですが、彼らの天才をもってしても複合過去だけで物語を成立させるのは至難の業のようです。こう言うとすぐにカミュの『異邦人 *L'Étranger*』があるではないかと言われそうですが、この小説には巧妙なトリックが隠されています。そのトリックとは、一度読んだら忘れられないあのあまりにも単純な出だしに隠されています。

5）Aujourd'hui, maman *est morte*. Ou peut-être hier, je ne *sais* pas. J'*ai reçu* un télégramme de l'asile : [...]

> きょう、maman が死んだ。それともひょっとしてきのうかな？ わからない。老人ホームから（母の死を告げる）電報を受け取った（だけだもの）。

aujourd'hui, そして maman... この小説で主人公は一度も「私の母 ma mère」とは言っていないことに注目しましょう。限定辞ゼロの maman は発話の世界でのみ通用し、「私だけの母」を意味します。そして、複合過去と現在形… 主人公は今まさに母親の死という現実と向い合っています。つまり、完全に moi, ici, maintenant の世界で、しかも、すぐに未来

形が集中して現れます。

6) Je *prendrai* l'autobus à deux heures et j'*arriverai* dans l'après-midi. Ainsi, je *pourrai* veiller et je *rentrerai* demain soir.

> 2時にバスに乗ることにしよう。午後のうちに着くだろう。そうすれば、通夜に出ることができるし、明日の晩には帰って来れそうだな。

　ところが、未来形で「2時にバスに乗ることにしよう」と言っておきながら、次の段落ではいきなり複合過去で「2時にバスに乗った」話になり、背景に半過去が使われます。いったい、冒頭の aujourd'hui はどこに消えてしまったのでしょうか？「語り」の専門家なら「この箇所は、いつ誰が書いているのだろうか」と首をかしげるところです。

7) J'*ai pris* l'autobus à deux heures. Il faisait très chaud.

> 2時にバスに乗った。とても暑かった。

　ここには、会話の世界から本来は単純過去と半過去を主体とすべき語りの世界への飛躍があります。しかし、冒頭の ici et maintenant の世界にのめり込んだ読者はもはや何の疑問も感じません。

　そして、クライマックスの第6章は明確に Le dimanche「その日曜日」という時間的位置づけで始まり、そのまま「今・ここで」から切り離された単純過去的世界が続きます。次の殺人場面では alors が使われ「その時・そこで」の世界になっているのですが、ぜんぜん気になりませんね。トリックは大成功です。

「今・ここで」の世界
⇩⇧
複合過去を使ったままで2つの世界を行ったり来たりする
⇩⇧
「その時・そこで」の世界

8) C'est <u>alors</u> que tout *a vacillé*. La mer *a charrié* un souffle épais et ardent.

> すべてが大きく揺らいだのはその時だった。海が焼けるような濃厚な息吹を運んできた。

将棋のよみ… フランス語のよみ…

∞∞∞

　フランス語とはぜんぜん関係ない（？）のに、なぜか白水社から阿久津主税七段の『将棋のチカラ』という本が出ました。嬉しいことです。早速購入して読みました。授業のプリントづくりで忙しい私は日本語の本を読むことは断念していますが、将棋関係の本だけは例外です。

　私がフランスに留学していた 1970 年から 1973 年は、「将棋界の若き太陽」と言われた中原誠が名人位につき、四冠王になった時代です。親から将棋の本や雑誌を送ってもらい、夢中になって棋界の動きを見守ったものです。当時、大学都市 la Cité Universitaire の日本館 la Maison du Japon では、図書室で将棋雑誌を閲覧できました。太陽王 le Roi Soleil と言われたルイ 14 世 Louis XIV になぞらえて、中原名人のことを "le Prince Soleil des échecs japonais" とか言った時の、フランスの友人たちが見せたけげんそうな表情を今でも覚えています。

　現在、将棋界は羽生世代から次の世代（渡辺明竜王に代表される 20 歳代の棋士たちで、阿久津七段もその 1 人）への過渡期と言えるでしょう。

　私は現在の王者である羽生善治名人を、彼が小学生の時から応援しています。羽生名人は 26 歳にして将棋のすべてのタイトルを独占し、七冠王となった棋士です。その彼も今や 40 歳、世代交代の荒波にさらされています。将棋というのがいかに過酷な頭脳スポーツかということがわかります。

　テレビで放映される将棋対局は可能な限り見るようにしているのですが、羽生さんが勝つと授業にも原稿書きにも元気百倍で立ち向かうことができます。しかし、負けるとがっくり疲れて、ほとんど仕事ができなくなります。幸運なことに第一人者である羽生さんはあまり負けませんが、「もし弱い棋士のファンになっていたら」と考え、ぞっとすることがあります。

　残念ながら将棋ファンであることは、直接にはフランス語研究に役立ちません。でも、「どんなヘボでも 3 手先までよむよう努力すればある程度上達す

る」という精神は身に染みついたように思います。「緻密流」の佐藤康光九段
が「１秒間に１億と３手よむ」というのは冗談にせよ、そんな超天才同士の
プロ棋士対局でも、数手先には当人が思いもしなかった展開になることがよ
くあります。信じられないような逆転もあります。９×９のマス目からなる
盤上は一見狭いようにも見えますが、「この一手の先がどうなるのか」いくら
よんでもよみ切れるものではないのです。

　フランス語について語る時、私も及ばずながら、検証というよみを何度も
入れています。少なくとも、目の前の盤面（言語現象）だけを見て、結論を
出すことは避けたいものです。なかなか難しいことですが数手先の異なる状
況を頭の中で描きつつ考えることが大切になります。そういう研究レベルの
話は別にして、日常のフランス語に接している時も、ある種の「よみ」が必
要になります。

　小手試しに、p.94 のコラムで見た『アメリ *Amélie*』から拾った例をもう
一度考えてみましょう。

Un coup de foudre, c'est bien la seule chose qu'elle ne nous avait pas
encore attrapé !

　　まさか、あの娘が恋をするなんてねぇ！

⌞ 目の前の盤面 ⌝　**直訳**：
「一目惚れは、彼女がまだ私たちにつかまえていなかったまさに唯一のことだ」

⌞ ２手先の盤面 ⌝　**前後関係**：
自分が病気だと思い込んで恋愛には縁遠かった女性が恋に落ち、周囲は驚い
ています。

⌞ ３手先の盤面 ⌝　**語彙と文法の知識を動員**：
１．attraper は「病気にかかる」という意味で使います。したがって、coup

de foudre「一目惚れ」が病気扱いされていることがわかります。

2．病気など周囲の人に何らかの影響がある出来事は、関係者にとって無関心ではいられません。日常生活において**その気持ちを間接補語人称代名詞で表す**ことがよくあります。

　文例：Il *m'a* encore fait des diarrhées !

　　　　　あの子ったらまた下痢したのよ！

　マダム・スュザンヌが使った *nous* にはそんな気持ちが込められています。

3．**否定形と大過去の組み合わせ**は、今まで生じる可能性が少ないと思っていたことが、図らずも生じた、あるいはこれから生じる、ということを表します（つまり、「過去の過去」だから大過去だという説明は、必ずしも正確ではありません）。例えば，次の文の中では、大過去と単純未来が一緒に使われているのですから。

　文例：Le mois prochain *se produira* un événement qui *n'était pas arrivé* depuis longtemps : Vénus passe devant le Soleil !

　　　　　［2012 年 5 月に、6 月の金環日食を話題にして］来月は久しぶりの（←長い間起こらなかった）出来事が生じることになります。金星が太陽の前を横切るのです！

　⎣3 手先までよんで出した結論⎦「まさか、あの娘が恋をするなんてねぇ！」

　つまり、「ジョルジェットが恋をするとは思いもしなかったが、今まさに、ジョルジェットは恋をしている！　本当に"あら、まあ！"だよね」というよみになります。

5章
現在と過去

「半過去は過去における現在である」、これは1つの事実です。しかし、半過去と現在形がそれぞれ全く違う役割を担うこともまた1つの事実です。たとえば、4章で詳述したように「語り」には現在形も大きな力を発揮しますが、半過去は無力です。半過去を使っていたら、特殊な場合を除いて話は前に進みません。逆に、当然ながら、現在形は「今現在」との対立には使えません。その点、半過去には「今現在」との対立（**半過去 vs 現在形**）だけでなく、**半過去 vs 半過去**という過去の2つの時点の対立さえあります。つまり、半過去には基準となる時点とは逆のことを言う働きがあり、この「断絶」用法から「反現実」、さらに「婉曲」へと繋がり、特殊な用法と思われている「婉曲」用法も半過去の本来の性質に根ざしたふつうの用法であることがわかります。

1課　半過去と現在（1）
― 半過去は過去における現在

[問題]　次の文は「今現在」中心で、現在形が使われています。これを過去のこととして動詞を書き換えましょう。

1) — Mais qu'est-ce qu'il _a)_ *fait* à la Préfecture ?
   — Il _b)_ *est* sous-chef de bureau...

   「でも、その人、県庁で何してるんだい？」「係長だ」

2) Ma mère _c)_ *a* les larmes aux yeux.

   母は目に涙をためている。

3) — Qu'est-ce qu'il _d)_ *fait*, Paul ?
   — Il _e)_ *roucoule* avec une blonde.

   「ポールは何してる？」「ブロンド娘といちゃいちゃ話し込んでる」

4) Mon père ne _f)_ *rentre* jamais régulièrement, à cause de son travail.

   父は仕事の関係で帰りがとても不規則だ。

---

1) il _a)_ *faisait*「していた」（職業・役職）　　Il _b)_ *était*「だった」
2) Ma mère _c)_ *avait*「ためていた」（状態）
3) il _d)_ *faisait*「していた」（進行行為）　Il _e)_ *roucoulait*「話し込んでいた」
4) Mon père ne _f)_ *rentrait* jamais「だった」（習慣）

　4章で、単純過去と「語り」の現在が、歴史や物語の中で同じ働きをしていることを学びました。この課では半過去とふつうの（＝発話時の）現在形が同じ働きをしていて、一方が過去を、他方が現在を受けもっているにすぎないことを確認します。

過去の一時点	今現在
＿＿＿＿＿＿╁＿＿＿	＿＿＿＿＿╁＿＿＿
a) b) c)　＝＝＝＝＝＝＝＝＝	＝＝＝＝＝＝＝＝＝
d) e)　～～～～	～～～～
f)	

　1)～4) の a) b) c) は職業・

140

役職や表情などの**状態**、d) e) は**進行中の行為**、f) は**習慣**を表しています。そして、半過去は過去の一時点で、現在形は発話時点で、それぞれ同じ働きをしています。

　また、半過去と現在形は、以前から続いている状況・行為 5) も、未来の一時点に予定された事柄 6) 7) も表すことができます（ここでも半過去と現在形は全く同じ働きをしているので、下の図ではそれぞれ 1 つにまとめて図示しています）。

5) **Ma fille *sortait* /*sort* depuis six mois avec le même garçon.**

　　　娘は 6 ヶ月前から同じ男の子とつき合っていた / る。

6) **Il *partait* le lendemain / *part* demain.**

　　　彼は、翌日 / 明日、出発することになっていた / る。

7) **J'étais fatigué, mais je décidai* de tenir jusqu'au bout : les vacances *étaient* dans deux semaines**.** (* décider の単純過去　** 発話時点でなら les vacances *sont* dans deux semaines)

　　　疲れていたが、私は最後まで頑張ることにした。2 週間後はバカンスだったからだ。

　左ページと上の図を見れば明らかなように 1) ～ 7) の文例を図示してみると、発話時点の現在形と過去の一時点の半過去は、ほぼ完全に同じ働きをし、ほぼ同じ時間関係を表すと言えるでしょう。

過去未来と単純未来

　半過去と現在形の並行関係は、過去未来と単純未来の形と用法にも見られます。ふつう、「条件法が過去未来も表すことができる」と説明されますが、実は、条件法は、本来、過去未来とよぶべき存在なのです。それは、次のようにその形を未来形と比較して考えてみれば明らかです。marcher

と prendre の 1 人称単数と 3 人称複数を例にとってみましょう。

未来形	je marcheR*ai*　　ils marcheR*ont*	je prendR*ai*　ils prendR*ont*
条件法	je marcheR*ais*　　ils marcheR*aient*	je prendR*ais*　ils prendR*aient*

未来形 =《動詞の語幹 + r +（avoir の）現在形の活用語尾》
条件法 =《動詞の語幹 + r +半過去形の活用語尾》

　動詞の語幹と未来を表す要素 r は共通ですから、唯一の違いは一方が現在の要素をもち他方が過去の要素をもっているということだけです。したがって、前者を「（現在から見た）未来」とよぶなら、後者は「（過去から見た）未来」、すなわち**過去未来**以外の何ものでもありませんね。

　時間的関係も少なくとも形の上では、右図のように完璧な相似形になっていますが、過去未来は単純未来と違い、ふつう 8) 9) のように従属節または自由間接話法だけに現れます。

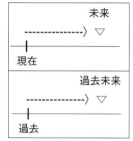

8) **Roger avait dit qu'il l'*appellerait* le lendemain. Il avait sa voix tendre. Elle *attendrait* son téléphone pour sortir.**

> ロジェは彼女に翌日電話すると言っていた。あの人、いつもの優しい声してたな。外出するのは、あの人から電話が入ってからにしよう。

9) ［ふと孤独感に襲われて］**En une seconde, elle revit le pan de mur en face de son lit, dans sa chambre. Avec les rideaux tirés, le tableau démodé, la petite commode à gauche. Ce qu'elle regardait tous les jours, matin et soir, ce qu'elle *regarderait* probablement dans dix ans. Encore plus seule qu'aujourd'hui.**

> 一瞬、彼女は自分のベッドの正面の壁面を思い浮べた。引かれたままのカーテン、古くさい絵、左には小さなタンス。毎日、朝晩、眺めているものだ、おそらく 10 年後にも

眺めることになるんだろうな。今よりももっと独りぼっちで。

8) il l'*appellerait* le lendemain 　→ 直接話法 « Je t'*appellerai* demain » Elle *attendrait* 　→ 直接話法 « J'*attendrai* »	9) elle *regarderait* 　→ 直接話法 « je *regarderai* »

　ところで、単純未来は未来に関することに言及するのですから、必ず不確定要素が含まれています。すなわち、未来形は本質的に物事の実現を前提としながらも、10) je *rentrerai* のように推測を表す時制形だということになります。また、実現を目指すということから、未来形には話し手の意志を伝える働きもあり、主語が 1 人称の時は「自分の意志」、2 人称および 3 人称の時は 10) 11) のように「命令」を表すことがあります。

10) **Tu *feras* bien de te coucher, parce que je *rentrerai* peut-être un peu tard.**

　　　君は寝るといいよ。僕はひょっとして帰りが遅いかもしれないから。

11) **Mademoiselle *rangera* ses affaires elle-même... elle est assez grande pour se débrouiller toute seule.**

　　　お嬢さんには自分で荷物を片づけてもらいます… もう大きいんだから、ひとりでできるでしょ（← ひとりで切り抜けるのに十分大きい）。

　ただし、現実にはありえないことですが、言葉の上では単純未来が 100%実現確実な未来の事柄を表すことがあります（p.125-126 参照）。次のように「語り」の現在を使う場合に多く見られる用法です。

12) **Mais après la défaite de Syagrius à Soissons, en 486, la ville tombe sous la domination du fils de Childéric, Clovis, qui en *fera* sa capitale en 508.**

　　　しかし、486 年ソワソンにおいてシアグリウスが喫した敗北の後、町（＝パリ）はシルデリックの息子クロヴィスの支配下に入った。クロヴィスは 508 年にパリを（フランク王国の）首都とすることになる。

2課　半過去と現在（2）
— 近過去的・近未来的な半過去

(問題)　1）と 2）の現在形（J'apporte, Tu pars, tu arrives）を時間軸上に位置づけてください。

1) — Aron est dans les champs.

— J'*apporte** son déjeuner.

— O.K., je le lui donnerai. [...]

— Aron ! Je t'ai apporté*** ton déjeuner !

(* 発話時点に密着した現在形「〜した」と ** 完了の複合過去「〜してある」の違いに注意)

「アロンは畑だよ」「彼のお弁当もって来たの」「OK、渡しておくよ」

[しばらくしてアロンがやって来る]「アロン！お弁当もって来てるのよ」

2) [長い間別れて暮している異父姉弟が空港で出会って]

— Dis donc, t'as pas l'air folle de joie de me revoir ! Tu *pars* ou tu *arrives* ?

— Ni l'un ni l'autre, j'accompagne un ami.

「なんだよ、僕に会ったのにあんまり嬉しくないみたいじゃん。飛行機に乗るの？それとも着いたところ？」「どっちでもない。友だちの見送りに来たの」

apporter, partir, arriver など完結型動詞の現在形は、時間軸上の今（＝発話時点）には重ならず、発話時点の前後に生じる事柄を表すのみです。近未来の現在形は日本語の現在形「〜する（ところだ）」と同じですが、近過去の現在形は日本語には存在せず、「〜した（ところだ）」と過去形で訳さざるを得ません。

　時間軸上では「今」を基準としてその左（近過去的 tu arrives ?）か右（近未来的 tu pars ?）に位置するのがふつうなのです。これは 1) 2) でも明らかなように会話によく出てくる用法です。したがって、過去のことを述べる半過去ではあまり目立ちませんが、ときどき出会います。

3) Jacques *revenait* à peine de Lille quand je l'ai atteint au téléphone.

> 電話で連絡をつけた時、ジャックはリールから戻ってきたばかりだった。

4) Un jour il joignit* Bondue, il tombait bien, l'autre *partait* pour un golf, l'invita, rien de tel pour se changer les idées. (*joindre の単純過去)

> ある日、彼はボンデュと連絡をとった。グッド・タイミングだった。ボンデュはゴルフに出かけるところで、彼を誘ってくれた。気分転換にはもってこいだというわけだ。

　基準点になる出来事（je l'*ai atteint*, il *joignit*）があって、その近くに半過去に置かれた完結型動詞があったら、近過去的か近未来的な解釈が可能かもしれないと疑ってみるといいでしょう。

「半過去 vs 半過去」もある

　ところで、5) の 2 つの半過去の位置づけはどう考えたらいいでしょうか？

5) ［変装した後で］**Quand il s'examina* dans le miroir, il prit* peur en voyant qu'il *ressemblait* beaucoup à ce qu'il *était* avant.** (* s'examiner, prendre の単純過去)

> 鏡で自分の姿を観察すると、変装する前の自分とよく似ているのがわかって彼は不安になった。

　5) では「過去における現在」ressemblait と「過去における過去」était がいずれも半過去で表されています。ところで、この Il ressemblait à ce

qu'il était avant.「彼は以前の彼に似ていた」の主節を現在に移行して Il ressemble à ce qu'il était avant.「彼は以前の彼に似ている」と言っても従節の中は était のままです。つまり、半過去は「現在から見た過去の状況」と「過去から見た過去の状況」の両方を表すことができるのです。

　意識的な読み方をしないとなかなか気づかない半過去なので、もう少し例を挙げておきましょう。

6) **Je *me souvenais* très nettement des vêtements qu'elle *portait* alors.**

　　女がその時に身につけていた服を私ははっきり覚えていた。

7) **Si, quelques jours auparavant, il *était* très fier de son genou, aujourd'hui il *devait* le masser longuement car il le faisait de nouveau souffrir.**

　　数日前は自分の膝がとても自慢だったというのに、今は長いこと揉みほぐしてやらねばならなかった。再び痛み出して（←膝が彼を苦しませて）いたからだ。

8) **Depuis qu'elle le fréquentait, elle avait conscience d'être devenue plus jolie. Avant, elle *se désespérait* de ses bonnes joues rondes; maintenant quand elle se regardait dans son miroir, elle *avait* l'impression que ses traits se dégageaient.**

　　彼とつき合いだしてから、自分がきれいになったことを彼女は自覚していた。以前は丸々として健康そうな頬に絶望を感じたものだったが、今は鏡を見ると自分の顔立ちがスッキリしてきたなと思ったりするのだった。

過去の過去	過去の一時点
6) elle ***portait***	Je ***me souvenais***
7) il ***était*** très fier	il ***devait*** le masser
8) elle ***se désespérait***	elle ***avait*** l'impression
半過去 ←──────→ 半過去	

　6)〜8) の基準点を「今現在」に変えてみましょう。次ページのように「過去の過去」が単なる過去になっても、半過去のままなのです。

146

6') Je *me souviens* des vêtements qu'elle *portait* alors.

彼女がその時に身につけていた服を私は覚えている。

7') Il y a quelques jours, il *était* très fier de son genou, aujourd'hui il *doit* le masser longuement.

数日前は自分の膝がとても自慢だったが、今は長いこと揉みほぐさねばならない。

8') Avant, elle *se désespérait* de ses bonnes joues rondes ; maintenant elle *a* l'impression que ses traits se dégagent.

以前は丸々として健康そうな頬に絶望を感じたものだったが、今は自分の顔立ちがスッキリしてきたなと思ったりする。

過去	発話時点
⊢	⊢
6') elle *portait*	Je *me souviens*
7') il *était* très fier	il *doit* le masser
8') elle *se désespérait*	elle *a* l'impression
半過去 ←——→ 現在	

大過去より以前に位置する半過去

　こうしてみると、9) のように半過去 a) が大過去より以前に位置することがあっても不思議はありませんね。

9) Il ₍c₎*avait* maintenant un ventre d'homme qui dîne* bien. Autrefois il ₍a₎*était* mince et souple. En trois ans Paris en** ₍b₎*avait fait* quelqu'un de tout autre, de gros et de sérieux. (* どの時代のことかは問題にしない超時的現在　** en = de lui：faire de lui qn d'autre「彼を別人にする」)

今や彼の腹は夕食をたっぷり食べている人の腹だった。以前はスマートでしなやかだったが、パリが3年間で彼を別人にしてしまったのだ、デブで真面目くさった人間に。

9)　スマート　⇨　変化　⇨　デブ		
—— a) ——	—— b) ——	—— c) ——
半過去	大過去	半過去

3課　まだまだ使い道がある半過去
―「取り直し」や「断絶」

問題　次の文のそれぞれ2つの半過去について時間的関係を説明してください。

1）**Le groupe ne les avait pas laissé tomber. Ceux qui** b) *se retrouvaient* **naguère au bistrot proche du lycée** a) *s'y retrouvaient* **de nouveau.**

グループのみんなは2人を見捨ててはいなかった。かつてリセのそばのビストロにたむろしていたあの連中が、（今）再び同じ場所に集っていた。

2）**— Le show** a) *n'était* **pas aussi bon que ce que** b) **j'***espérais*.

— Moi non plus, je n'ai pas tellement aimé.

「ショーは期待したほどじゃなかったな」「僕もあまりいいとは思わなかった」

過去の過去	過去の一時点
1）------- b) •••••••（習慣）//-----------（中断）---------// a) ••• -------->	
se retrouvaient「たむろしていた」　　　*s'y retrouvaient*「再び集まっていた」	
2）------- b) 〜〜〜〜〜〜 ----------（見てみたら）-- a) ========>	
espérais「期待していた」　（その結果は）n'*était* pas「期待はずれだった」	
b)　半過去　　　←→　　　a) 半過去	

　実はこれは前の2課で見た「半過去 vs 半過去」と同じパターンで、「過去の一時点」を「今現在」に移行しその分を現在形にしても（Ceux qui *se retrouvaient* naguère au bistrot *s'y retrouvent* de nouveau.「ビストロにたむろしていた連中が、（今）再び同じ場所に集っている」、Le show n'*est* pas aussi bon que ce que j'*espérais*.「ショーは期待したほどじゃないね」）、その過去はやはり半過去で表されます。確かにすでに見たパターンですが、これらの文例には実は少し違う要素が含まれています。1）は以前に「していたこと」を一定期間の「断絶」を経て再び「している」のです。これを「**取り直し**」の半過去と呼びます。

　次の 3）では、冒頭でタイトル紹介をしたニュースの順番が来た時の、
4）は中断した話を続ける時の、5）は作家などの文を引用する時の、6）は
何かの記念日を話題にする時の、それぞれ決まり文句です。

3）[いくつか他のニュースを紹介した後で] **Je vous le *disais* en titre : « ... »**

　　冒頭でご紹介したニュースですが、「…」（という事件をこれからお伝えします）。

4）**— Où *en étais*-je ?　— Vous me *parliez* de votre vie maussade...**

　　「どこまでお話ししましたかね（← どこまで進んでいたか）」「あなたの陰鬱な生活につ
　　いてお話しでしたよ」

5）**On ne naît pas femme, on le devient, *écrivait* Beauvoir. Je suis
intimement convaincu du contraire.**

　　「人は女として生まれてくるのではない、（社会環境の中で）女になっていく」とボヴォ
　　ワールは書いているが、私はその反対だと確信している。

6）**Il y a deux ans aujourd'hui, elle *passait* son concours d'entrée à
l'université.**

　　ちょうど 2 年前の今日、彼女は大学入試を受けたのだった。

半過去 ----- （中断） ----- 今現在	
3）予告したこと ------>	
4）中断した話 --------->	再びとりあげる
5）人が書いたこと --->	
6）記念すべきこと --->	

　途中で中断した 4）の vous me parliez は別として、3）5）6）はいずれも
完了済みの事柄ですから、半過去ではなく、次のように複合過去で言うべ
き事柄です。Je vous l'*ai dit*.「そう言った」、Beauvoir a écrit.「ボヴォワー
ルは書いた」、elle *a passé* son concours.「彼女は試験を受けた」。しかし、
ここで話者が伝えたいのは、「言った」「書いた」「受けた」という事実では
なく、そのことを「今、何らかの形で再び取り上げる」のだという意志で
す。4）も含めここに、複合過去（終わってしまった）と半過去（必ずしも
終わっていない＝続き・補足がある）の本質的な違いが見られますね。い

149

ずれにしても、授業を始める前に先生が言う Où *en étions*-nous la dernière fois ?「この前はどこまで進んだっけ？」とか、相手に話を続けるよう促す [Qu'est-ce que] vous *disiez* ?「ところであなたのお話は？」など「取り直し」の半過去はなかなか役に立つのでマスターしておきましょう。

また、「過去の過去」と「ある一時点（今現在も含む）」の対比は、2) のように比較級を含む文にも多く見られます。あらかじめ何らかの判断・予想があって、それが確認された事実と比較されるわけです。確認された段階で判断・予想は意味を失うことから一種の「断絶」用法ですね。

次例では見込みを表す動詞を使っていますが、やはり「断絶」用法です。

7) ― Il est mécontent de sa nouvelle voiture.

　　― Je *m'y attendais* bien.

　　「彼、買い換えた車が不満なのさ」「そういうことになると思ってたよ」

8) ― Je crois qu'il va pleuvoir.

　　― Je *m'en doutais*, il ne fait jamais beau dans ce pays !

　　「雨が降りそうだな」「降るんじゃないかと思ってたんだ。この地方じゃ晴れるってことがないんだもの！」

```
2) 7) 8)  判断・予想                          今現在
          半過去    ⇨  確認（＝断絶）  ⇨  判断・予想は意味を失う
```

　一見、ここには断絶や対立が見られないように感じるかもしれませんが、見込みが的中した（あるいは外れた）という確認があった以上、今さら予想や主張をする意味はなくなります。もはや現在形を使って j'espère「期待する」、je le pense「そう考える」、Je m'y attends「そう予想する」、Je m'en doute「そうではないかと思う」と言うことはできません。蛇足ですが、ふつうの過去時制として使われる半過去（＝過去における現在）の場合には、過去の一時点で Il s'y attendait「彼はそう予想していた」、Il s'en doutait「彼はそうではないかと思っていた」というだけで、対立・断絶はありません。

「〜のに」「〜だけど」から婉曲用法へ

対立・断絶の半過去は当然「今現在」何らかの食い違いがあることも表せます。そこから次のような「〜のに」「〜だけど」用法が出てきます。

9）［死にそうなところを助けてもらいながらも］*Fallait* pas !... J'*étais* si bien...
J'*avais* tout *oublié**... Pourquoi avez-vous fait ça?

> （助けてくれなくても）よかった<u>のに</u>！…せっかくいい気持ちで…何もかも忘れた<u>のに</u>…
>
> どうして僕を助けたんだ？（* 大過去も助動詞が半過去なので同じ意味を持ちます）

10）［相手の奥さんの写真を見て］Elle est très belle, mais dure. Je vous *voyais* avec une femme moins froide.

> とても美しい人ね、でもきつそう。もっと温かそうな人と（暮している）あなたを想像
>
> して<u>たんだけど</u>な。

「〜のに」が対立を表すのに対して、「〜だけど」は態度保留です。半過去はこの日本語の「〜だけど」にも相当し、**婉曲表現**としても使えます。

11）— Est-ce que tu pourrais aller la chercher à l'aéroport ?

　— Oui, pourquoi pas ?

　— Je *devais* aller l'accueillir et puis...

　— Tu n'as pas le temps... c'est ça ?

> 「彼女を空港まで迎えに行ってくれないかな」「ええ、いいけど」
>
> 「僕が迎えに行くはずだった<u>んだけど</u>、それが…」「時間がない…ってわけね」

12）— Qu'est-ce que tu fais là ?

　　— Je *venais* te voir.

> 「こんなところで何してるんだい？」
>
> 「パパ（=te）に会いに来た<u>んだけど</u>」

```
12）　　会いに来た
　　　　だけど
　　邪魔だったら帰る
```

Je *venais* te voir. は、自己主張の強い Je *viens* te voir.「パパに会いに来たの」と違い、仮想現実で予定の変更（＝相手の拒否）をあらかじめ受け入れた言い方です。従来の文法は、この最後の婉曲用法だけを「現在にかかわる」半過去としているのですが、以上の説明で明らかなように、婉曲用法は話し言葉全般に見られる半過去の対立用法の一種でしかありません。

目に見える単純時制… 目に見えない複合時制…

生きた言葉の勉強には映像と音声のある映画がよさそうだとは、誰しもが考えますね。私自身も職業上の必要から 30 年間ほどフランス映画やドラマなどのビデオカセットを採りため、数は 1000 本（2000 時間）を超えます。また、国際放送の TV5MONDE をもとにして数年間で作成した DVD も 2000 枚（8000 時間）を超えました。「観る時間もないのにお前はアホか」と言われそうですが、資料とはそうしたもので、一部でも役に立てば充分なのです。

ただ、一般の人よりはるかに多くのフランス映画を見ている立場から言わせてもらえば、映画は外国語学習方法としてはあまり効率がよくありません。時間の割に使われているフランス語が少ないし、フランス語のレベルも様々です。また、たとえば挨拶など同じ表現の繰り返しが目立ちます。それに、やはりフランス語音声・日本語字幕では敷居が高く、なかなかフランス語が聞き取れません。

そこで、お勧めなのが *L'Avant-Scène CINÉMA* です。映画の最初から最後までのすべてが克明に記録されています。欠点といえば詳しすぎて読むのに骨が折れることですが、登場人物の動きや心理など、なるほどフランス語ではこんな風に描写するのだという発見があります。そんなわけで私はたくさんの映画シナリオを *Avant-Scène* ヴァージョンで読みました。

実は、私が**単純過去と複合過去の決定的な違い**に注目したのは、昔、映画シナリオを読みあさっていた時のことでした。

上にも述べたように、*L'Avant-Scène* は刻々変わっていく場面をすべて説明する、すなわち観客がスクリーン上に見る登場人物の動きを記録しています。私がその職人芸を高く評価する映画監督クロード・ソテ Claude Sautet の『夕なぎ *César et Rosalie*』（1972 年）から例をとりましょう。

Il ₁)claque la porte. Il ₂)revient vers le centre du hall d'entrée et ₃)s'arrête, ₄)réfléchit.

> バタンとドアを ₁)閉めるセザール、入口ホールの中央に ₂)戻り、₃)立ち止まって、₄)考え込む。

Il ₅)se retourne, ₆)revient vers la porte d'entrée et ₇)l'ouvre toujours avec fureur... Et peut-être pour rappeler Rosalie... il ₈)regarde.

> ₅)振り向き、ドアのほうに ₆)戻って、相変わらず憤然として ₇)ドアを開ける。そして、多分、ロザリを呼び戻すためであろうか、₈)外を見るセザール。

Mais elle ₉)a disparu. César ₁₀)referme la porte calmement. Un temps d'hésitation... puis il ₁₁)entre dans le living, ₁₂)ramasse le sac de voyage et ₁₃)va le projeter par la fenêtre.

> しかし、ロザリの姿は ₉)消えている。冷静にドアを ₁₀)閉めるセザール。少しためらってから、居間に ₁₁)入り、旅行鞄を ₁₂)拾い上げ、窓越しに ₁₃)放り出す。

César : « Tiens donc ! »

> セザール：「ほら、持ってけ！」

-------1) 2) 3) 4) 5) 6) 7) 8) 10) 11) 12) 13)------>

9) ↗

　動詞の１）から13）まで、**現在形がストーリーを前に進めています**。これらの行為はすべてスクリーン上で観客が目にするのです。そして、唯一の例外が９）の disparaître「消える」で、**複合過去は後ろを向いています**。観客が見つめる今、ロザリの姿はもうないのです。したがって、ロザリが消えるところは、スクリーン上では見ることができません。

　ここに複合過去の本質があります。**単純時制が目に見えるのに対し、複合時制は見えない**。すなわち、後ろ向きの複合過去は、次々に生起する出来事を表現する力を持たない、相対的な時制形だということになります。

　それに対し、**単純過去は**、上に見たシナリオの現在形と同じく、**読者に目**

に見える形で事態を示し、ストーリーを前に進めます。一般に、単純過去と複合過去は同じように「完了」を表し、違いは、書き言葉に使われるか話し言葉に使われるかだけだと言われますが、とんでもない誤解です。単純過去は出来事の「成立」を表し、事態の最初から最後までの全過程を示し、厳密に言えば「未完了」です。

たとえば、冒頭部分を単純過去に書き換えると次のようになりますが、その下に事態の展開をふつうの時制図と拡大時制図で示します。▲は事態の成立のみを示しますが、拡大時制図の｜はそれぞれの事態の区切りを、aは開始段階、bは中間段階、cは終了段階を示します。

Il ₁)claqua la porte. Il ₂)revint vers [...] et ₃)s'arrêta, ₄)réfléchit.

時制図　----------------- ₁) ▲ ₂) ▲ ₃) ▲ ₄) ▲ -------------------------->

拡大時制図　---|₁) a b c |₂) a b c |₃) a b c |₄) a b c |------>

このように、単純過去で表される事態は、最初の｜から始まり、開始段階a、中間段階b、終了段階cを経て、次の｜で終了します。事態1）claquerのa〜cのどの時点をとっても事態は展開中であり、「完了」にはなりません。境界線｜を越え、次の事態2）revenir に入って初めて事態1）は完了したことになります。この瞬間から以後、事態1）に言及する時は、複合時制の大過去 il *avait* (déjà) *claqué* la porte を使わざるを得ません。

過去の一時点で事態が完了していることを示す大過去、発話時点で事態が完了していることを示す複合過去と違い、事態の成立過程のみを示す単純過去は「未完了」なのです。ふつう単純過去は déjà と一緒に使うことができません。これは日本語の「〜した」から考えると想像もできない現象ですが、その謎も単純過去が「未完了」であると考えれば氷解します。

6 章
複合時制

大過去や複合過去など複合時制は、「未完了」である単純時制（単純過去・半過去・現在形・単純未来）とは違って「完了」を示します。したがって、複合時制は基本的に単純時制に対する相対時制として位置づけられます。しかし、たとえば出来事・行為が「あっという間に終わってしまう」ことを表す「スピード」用法は、独立文で使われます。また、前未来はやはり独立文で使われ、何と現在までに完了した事柄に関して「ひと区切り」つけることさえできます。また、現在に関連して使われる大過去を考察すると、必ずしも「過去の過去」ではない大過去の姿が見えてきます。さらに、quand... の用法にまつわる様々な制限は、厄介であると同時に極めて興味深い言語現象になっています。

1課　複合時制の基本的な働き（1）
―「完了」が基本

(問題) 1) の a) 前過去と b) 単純過去、2) の a) 複合過去と b) 現在形を時間軸上に位置づけてみましょう。

1) Lorsqu'elle a) *eut disparu*, Sylvie b) *courut* se jeter dans l'entrée et colla son front au battant. La tête gonflée de larmes, elle écoutait le pas de sa mère résonner sur les marches de bois.

> シルヴィーは、母の姿が見えなくなってから玄関に走り寄り、額を扉に押しあてた。頭を涙でいっぱいに膨らませ、木製の階段に響く母の足音に耳を澄ませていた。

2) La maîtresse d'école, très enrhumée, éternue régulièrement. Et chaque fois toute la classe s'écrie en chœur :

— À vos souhaits, madame !

[...] Toto*, qui a) *est arrivé* en retard, n'est pas au courant. Et quand la maîtresse éternue, il b) *dit* dans un silence total :

— Crève, grosse vache !

(* フレンチジョークで出来の悪い子供が主役の場合、Toto という名前が使われる)

> 先生がひどい風邪にかかり、くしゃみばかりしています。するとその度に（エチケットにしたがって）クラスのみんなが口をそろえて「先生の願い事が叶いますように！」と叫びます。[これは先生が気にしないようにという生徒たちの気遣いなのだが、3日目も相変わらず続くので、先生は「ありがたいけど、もうやめて」と言う。ところが…]
> 遅刻したトトはそんなこととはつゆ知らず、先生がくしゃみをすると、静まりかえった教室で言います「クタバレ、デブ牛！」と。

1)　　単純過去	2)　　現在形
------------ b) ▲ --------->	------------ b) ▲ --------->
a) ⟫♪	a) ⟫♪
前過去	複合過去

　左ページ下の図で、》記号は「完了済み」を、矢印⤴は基準点に連続していることを示します。時間を先に進めることができるのは単純過去と「語り」の現在のみで、時間軸上に乗らない複合時制はそれらに対する相対時制にすぎません（ただし、会話では難しい単純過去の代わりに複合過去を使います）。

　今まで、現在形、単純過去、半過去など単純時制を勉強してきましたが、これから複合過去を中心として〈助動詞＋過去分詞〉の形をとる複合時制に挑戦してみましょう。図で示したように 1) の a) 前過去〈助動詞（単純過去）＋過去分詞〉は、b) 単純過去が表す行為から見て「完了」を表しています。同じく、2) の a) 複合過去〈助動詞（現在形）＋過去分詞〉も、b) 現在形が表す行為から見て「完了」を表しています。

　次の例を考察し、複合時制は単純時制に対して基本的に「完了」を表すことを確認しましょう。

3) Il ₐ) *avait allumé* une gauloise, la première du jour, et il en⃰ b) *goûtait* l'âcreté presque désagréable et cependant délicieuse. （⃰en = de cette gauloise）

　　彼は（すでに）ゴロワーズに火をつけていた──その日の最初の 1 本だった──。そして、ほとんど不愉快なほどのえがらっぽさ、それでいて素晴しくうまく感じられるえがらっぽさを味わっていた。

4) Vers quatre heures, il voulut⃰ monter se coucher, c'était le seul remède ; quand il ₐ) *aurait dormi* jusqu'au lendemain, il b) *se porterait* parfaitement. （⃰ vouloir の単純過去）

　　4 時ごろ、彼は 2 階に上がって寝ると言い出した。それが一番の薬で、翌日まで眠ったなら、すっかり元気になるだろうというわけだった。

5) Ses yeux b) *sont* encore rouges. Elle ₐ) *a* sans doute *pleuré*.

　　彼女の目はまだ赤い。おそらく泣いたのだろう。

6) Je vous b) *rappellerai* lorsque vous ₐ) *aurez retrouvé* votre calme.

　　先生（=vous）が冷静になられましたら、またお電話させていただきます。

157

これらをすべて時間軸上に位置づけると次のようになります。相対的な複合時制は時間軸上に乗らないのですが、ここではすべての時制形を時間軸上に乗せ、単純化しています。

過去完了	過去未来完了	現在完了	未来完了
過去の世界		語りの現在あるいは発話時点の世界	
1) ---a)》 b) ▲ ---> 前過去　　単純過去	4) ---a)》 b) ▲ ---> 過去前未来　　過去未来	2) ---a)》 b) ▲ ---> 複合過去　　現在形	6) ---a)》 b) ▲ ---> 前未来　　単純未来
3) ---a)》 b) ～～～ 大過去　　半過去		5) ---a)》 b) ====--> 複合過去　　現在形	

　このように、複合時制［前過去、大過去、過去前未来（＝条件法過去）、複合過去、前未来］は単純時制［単純過去、半過去、過去未来（＝条件法現在）、現在形、単純未来］にそれぞれ対応し、意味の上でも形の上でも同じ関係にあり合理的で簡単な仕組になっています。つまり、基本的に、前過去・大過去は「過去完了」、過去前未来は過去未来完了、複合過去は「現在完了」、前未来は「未来完了」であり、それぞれ〈複合時制＝単純時制の助動詞＋過去分詞〉という明快な形をもっているのです。

スピード感を出す複合時制：「あっという間にやってしまう」

　先述したように、複合時制に共通しているのは基本的には「ある時点までに完了していることを表す」ということです。しかし、必ずしも「時点以前」とは限らない場合もあります。次ページの7）〜11）では、速さを表す副詞などと組み合わされ、「あっという間にやってしまう」という意味で使われています。単純時制はどうしても事柄が「展開する（している）」というニュアンスになりますが、複合時制の「完了」のニュアンスは「結果が出た」ことを強調するのでスピード感を出せるのです。この場合、次ページ下の図のようにa）とb）の順序が入れ替って複合時制は単純時制よりも後に位置し、》は「スピード感」を表しています。

7) Je b) *sifflai* rapidement mon cocktail, et comme je n'avais jamais bu une goutte d'alcool, pas même de vin que je n'aimais pas, j' a) *eus* vite *fait** de quitter la terre. （* 完了用法の前過去形は従属節の中でのみ使われ

るが、このスピード用法は独立した文で使われ時間軸上にも乗る）

私はカクテルをぐい飲みした。すると、（それまで）一滴のアルコールも──嫌いだったので

ワインさえも──まったく飲んだことがなかった私は、あっというまに舞い上がってしまった。

8) De là leur difficulté à la marier : car ceux qui b) *venaient*, en vue d'un mariage, s'informer de la jeune fille auprès des voisins, a) *avaient* vite *fait* de repartir en entendant cette rumeur. （「いつもそうだった」と

いう反復的な半過去と大過去）

そのため彼女に結婚相手を見つけてやることが難しくなっていた。彼女との結婚を見込んで

近所に聞き込みに来た連中は、この噂を耳にすると即座に帰っていってしまうからだった。

9) S'il faisait des bêtises, je le b) *saurais* bien; et j' a) *aurais* vite *fait* d'écrire à sa mère qu'elle vienne le chercher. （ここでは過去未来・過去前

未来ではなく、より頻度の高い条件法現在・条件法過去の文例を採用）

もしもこの子（=il）が馬鹿な真似をしたら、きっと私の耳に入るからね。そしたら、母

親にすぐに手紙を書いて引き取りに来てもらうよ。

10) Elle se met* à courir. Il b) *s'élance** à son tour et a) *a* tôt *fait*** de la rattraper. （*「語り」の現在。** 複合過去は現在形で表された行為より後の行為）

彼女は走り出す。彼も勢いよく走り出し、すぐに彼女をつかまえてしまう。

11) Je vais vous aider, cela vous b) *avancera* un peu, vous a) *aurez* plus vite *fini*.

お手伝いします。少しは仕事がはかどって、早く終わりますよ。

過去完了	現在完了	未来完了	条件法完了
過去の世界	「語り」の現在の世界	これからの世界	反現実の世界
7) -- b) ▲ a) 》---> 単純過去→前過去	10) --- b) ▲ a) 》--> 現在形→複合過去	11) --- b) ▲ a) 》---> 単純未来→前未来	9) --- b) ▲ a) 》---> 条件法現在→条件法過去

2課　複合時制の基本的な働き（2）

— 複合過去の特質

問題　前の課で複合時制の特殊用法「スピード表現」を取り上げました
が、1) 2) の複合過去は時間軸上のどこに位置づけられるでしょうか。

1) Un malheur *est* vite *arrivé*. Et personne ne peut nous protéger contre ça.

> 不幸って急にやってくるもんだ。そして、そいつから誰も守ってくれはしない。

2) Dites-donc les enfants, vous *avez fini* de vous chamailler?

> おい、こら、お前たち、いい加減にギャーギャー言い合うのはやめろ！

　1）は一般論であり、実際に生じた出来事ではありません。すなわち**超時的複合過去**が存在します。2）は発話時点以降の事柄ですが、命令的な意味を持ちます。すなわ

スピードの現在完了	
超時的現在の世界	話者の意志の世界
--------1)》----> 複合過去	発話時点 ---2)》----> 複合過去

ち話者の**意志**を表す複合過去が存在することになります。

　スピード用法は、このように超時的な一般論にも相手に対する命令にも
出てきます。また、意志を表す場合、もちろん 3) のように前未来も使う
し、主語が 1 人称の 4) にも意志が入っていると言えそうです。

3) Dites donc, vous, est-ce que vous n'*aurez* pas bientôt *fini* de hurler comme ça ?

> おい、あんた、そんなふうに喚（わめ）くのはいいかげんにやめてくれないか。

4) Attends-moi, j'*ai fini* dans cinq minutes !

> 待っててね、5分で終わるから。

　フランスで子供連れのグループと同席し、退屈した子供（たち）が騒ぎ
始めます。だんだん表情が険しくなるお父さんやお母さん。「そろそろ出
てくるぞ」と私が待ち構えていると案の定、冷たくあるいは熱く響きます。

5) **Mais tu *as fini* (vous *avez fini*), oui ?**　おい、いい加減にしないか！

être と半過去・複合過去の謎

　〈être ＋属詞〉「〜だ」を過去の一時点のこととして言おうとすると、おそらく日本人学習者は、日本語で「Xは〜だった」、英語でも "X was..." を考えるでしょう。それで、まあ、あまり悩む必要はありません。このような発想からすると、フランス語でも être を半過去形にして "X était..." としか考えられません。でも、何か忘れてはいないでしょうか。そう、過去の一時点について述べる時制形は、単純過去と複合過去もあるのです。単純過去は、日常、使うことはまずないのでいいとして、複合過去は使わないわけにはいきません。さて、どういう場合に使うのか？

　次の文例には、être の半過去と複合過去が並んで使われています。これを出発点としましょう。

6) **J'*étais* énervé et j'*ai été* un peu dur, même avec les enfants.**

　　気が立っていたので、子どもにまで少しきつく当たってしまった。

7) **Mais j'*ai été* trop brusque, j'*étais* tellement impatient...**

　　でも、せっかちすぎたね、何しろやりたくてたまらなかったから…

　もちろん、初級で学習する「8) 持続時間の限定があれば（＝始めと終わりが限定されれば）、être も含め動詞は複合過去に置く」とか「9) 10) 発話時点までの経験・継続は複合過去で表す」という考え方は、相当浸透しているとは思います。

8) **Grippé, j'*ai été* absent deux ou trois jours.**

　　風邪を引いて、2、3日休みました。

9) **Je n'*ai pas encore *été mariée*.**

　　まだ結婚の経験はありません。

8) -----/======/---->　今現在	9) ---------- ×　-------->　今現在
持続時間限定	経験（なし）

10）Son avis m'*a* toujours *été* utile.

　　彼女の意見はいつも私の役に立ってきた。

10)	今現在

----・・・・・・・・|----------------->

今までの**継続**（ここでは繰り返し）

　しかし、6）7）のような〈être＋形容詞〉を過去形にする場合、日本人にはおそらく複合過去にするという発想は全く浮かばないのではないでしょうか。それにしても、なぜ半過去と複合過去を使い分ける必要があるのか… フランス語というのは全くもってこだわりの多い言葉ですね。

　幸い6）7）には半過去と複合過去が混在しているので、比較が容易です。どちらの文例でも、半過去の部分が複合過去で表される事柄の説明になっています。すなわち、複合過去は「今から振り返って

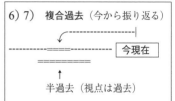

みると、こういうことだった」と1つの結果を確認しており、半過去は「その過去の時点には、そのような結果を招く状況があった」ことを示しています。したがって、とりあえず複合過去は「今現在に視点」があり、半過去は「その時点に視点」があるということができそうです。しかし、単純過去も「その時点に視点」があるのですから、これではなぜ半過去が選択されるかの説明になっていません。実は、どこに「視点」があるかは単純過去と複合過去の違いを説明するものであり、次に「見る対象が近いか遠いか」で半過去を選択するか単純過去・複合過去を選択するかが決定されます。

　単純過去の視点は「語り」の進行と並行して動いていき、対象の出来事・状態を1つのまとまりとして視野に入れます（右ページ図a）。半過去は時間の動きを止めて、対象に**ズームアップ**します。 したがって、対象の開始と終了が視野に入りません（図b）。複合過去は視点が今現在ですが、単純過去と同じで対象の出来事・状態を1つのまとまりとして視野に入れます（図c）。こうしてみると、なぜ、持続時間の限定があれば（＝始めと

終わりが限定されれば）単純過去・複合過去が選択され、半過去が除外されるのかも理解できますね。

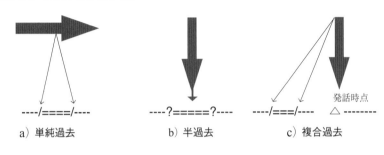

a）単純過去　　　　　b）半過去　　　　　c）複合過去

　上の図で明らかなように、過去の 1 時点の状態を発話時点から振り返った場合、始めと終わりが視野に入り、複合過去のみが可能になります。

　次の 11) は「態度・振る舞い」[6) 7)] も同様、12) 13) は「出来事の結果」、14) 15) は「持続時間」が関係しており、複合過去が出やすいパターンです（もちろん、ズームアップの場合は半過去も可能です）。13) の être は日本語の「なる」に近くなりますが、複合過去の用法の 1 つである「変化」です（代表的な例：J'*ai eu* 20 ans.「20 歳になった」→ J'*ai* 20 ans.「20 歳だ」）。

11）L'enfant *a été* très sage.

　　　子供はとてもお利口さんにしていた。

12）La pièce *a été* un succès.

　　　芝居は成功だった。

13）Elle *a été* victime d'un viol.

　　　彼女は暴行の被害者になった。

14）Les vacances *ont été* trop courtes.

　　　バカンスは短かすぎたな。

15）La mort *a été* instantanée.

　　　即死だった。

> 11）一定時間、ある態度を示した
> 12）上演の結果は成功だった
> 13）暴行があり、その結果、被害者となった
> 14）一定時間のバカンス、短時間しか続かなかった
> 15）完結型の出来事 = 死：一瞬のことだった

3課　前未来の意外な側面
— ひと区切り用法

(問題)　複合形である前未来は基本的には「単純未来で表される出来事・状況より前に完了した事柄を表す**未来完了**」です。しかし、1) 2) では「未来完了」では説明できない前未来が出てきます。これらの前未来の位置づけを考えましょう。

1) — J'ai peut-être tout gâché.

— Mais non ! C'est un garçon très intelligent, très sensible. Il *aura* certainement *compris* ta réaction.

「ひょっとしてすべて台無しにしちゃったかも」

「そんなことないわよ。彼、とても頭がよくて、とても察しのいい人だもの。きっと、あなたのリアクション、わかってくれたんじゃないかな」

2) Il eut* un geste vague qui signifiait « comme tu voudras, je t'*aurai prévenu* », et s'effaça*.　(* avoir, s'effacer の単純過去)

彼は「勝手にしろ。一応警告したからな（後はどうなっても知らんよ）」という曖昧な身振りをして、道をあけた。

> 1) すでに完結した事柄に対して、純粋に**推測**を述べる前未来。複合過去だと、やはり、「今現在」への連続、未来への展開を否定できない。「将来、事実が判明するから、その時点から見て完了」と説明されることがあるが、そのような未来での確認を期待する用法ではなく、単なる推測である。
> 2) 警告しても言うことを聞かない相手に対する一種の脅し。Je t'ai prévenu. と複合過去を使えば「用心しろ」という**警告**が生きているのに対し、**前未来**だと「もう知らない」という**見限った**感じになる。したがって、ここでも無理に未来と結びつけて説明する必要はない。

　また、1) のように certainement, bien sûr, sûrement, probablement, sans doute, peut-être などがあると推測用法だとわかりますが、次の 3)～ 5) の

ようにむしろ副詞がないことも多いので注意しましょう。

　また、2）の Je t'*aurai prévenu* ! は警告しておきながら、後は保証しないという脅しとしてよく使われます。複合過去（Je t'*ai prévenu*.）が「気をつけるんだよ」という忠告になっているのと対照的です。すなわち、過去（すでに起きたこと）に使われる前未来は、未来との繋がりではなく、断絶を表していることを理解しましょう。

すでに終わったこと	今現在	未来
1）推測の前未来	断絶	後のことは知らない
2）見限りの前未来		

3）［自分の妻リリアーヌの愛人に］**Je pense que le général, dans sa simplicité de vieux militaire, nous *aura fait* préparer, pour Liliane et pour moi, une chambre commune. Je m'en excuse d'avance.**

老軍人らしい単純な考えで、将軍はリリアーヌと私に同じ寝室を用意させたんだろうと思うんだ。（君とリリアーヌが一緒になれなくて）あらかじめ申し訳ないと言っておくよ。

4）［なぜ首飾りが靴の中にあったのかを考えて］**Ou bien ça peut être ton père... qui *aura voulu* le mettre à l'abri et puis il l'*aura oublié* !**

あるいはあなたのお父さんかもしれない… 人目につかないところに置こうと思って、そのまま忘れたんじゃないかな。

5）**Le problème— capital— c'est, on l'*aura compris*, d'expliquer l'origine d'une telle contrainte.**

問題――しかもきわめて重要な問題――は、読者にはすでにお分かりと思うが、このような拘束が何に起因するかを説明することである。

　5）は論文や講演などにしばしば見られる挿入文で、on l'*aura remarqué* [*constaté / noté*]「お気づきのことと思うが」と言う場合もあります。

　ところで、しばしば「条件法も推測を表す」と言われますが、私はこの考え方に反対です。条件法は「責任逃れ」的なところがあり、推測よりは

伝聞・憶測を表すと考えたほうがいいと思います。次の 6) で一方が条件法を使っているのは半信半疑だからです。それに対し、他方は前未来を使って自分の推測に自信を示しています。

6) — Alors quelqu'un __se serait introduit__ chez elle ?

— Eh oui. Il *aura* soigneusement *décollé* les emballages. Je ne vois pas d'autre interprétation possible.

> 「じゃ、誰かが彼女のところへ忍び込んだとでもいうわけ?」「そうよ。そいつが包装紙を丁寧にはがしたんじゃないかな。ほかの解釈がありえるとは思えない」

条件法過去	vs	前未来
根拠がない・責任はもてない		根拠がある・自分の考え

未来でも推測でもない前未来 !?

Pour certains, Staline *aurait suivi*, dès les années 30, une politique d'alliance avec Hitler. 「ある人たちによれば、スターリンは 1930 年代からすでにヒトラーとの同盟政策を進めていたとかいうことである」のように新聞やテレビのニュースで「責任逃れの」条件法が多用されることはよく知られていますね。それに対して、推測の前未来はあまり使われず、むしろ、完全に成立した事実を表す次のような前未来によく出会います。たとえば、有名人の死や話題になっていたことなどの解決を告げるテレビニュースでは、7) 8) のようなひと区切りをつける前未来が多用されます。

7) **Michael Jackson __est mort__.** [...] **Au total, Michael Jackson *aura vendu* 750 millions d'albums dans sa carrière.**

> マイケル・ジャクソンが亡くなりました。[…] 歌手人生でマイケル・ジャクソンは合計 7 億 5 千万枚のアルバムを売ったことになります。

8) [出所したばかりの人物について] **Au cours de ses deux périodes d'incarcération, X *aura effectué* au total 1 058 jours de détention.**

> 2 度にわたる拘置で、X は計 1058 日の拘留生活を送ったことになります。

　人生が完結したり、政治問題などが一件落着したりすると、必然的に**確定的な結論**で幕を閉じることになりますね。ところで、結論を述べるには複合過去が適当だと思われるかも知れませんが、複合過去では「今現在」に連続し、未来への展開も否定できない。そこで、前未来を独立文で用い、今後変わることのない結論であることを示すわけです。

　たとえば、8) でXが 1058 日の拘留生活を送ったことは動かすことのできない事実です。したがって、その事実だけを告げるつもりなら複合過去を使って X *a effectué* 1 058 jours de détention. と言えばすみます。前未来を使うのは、出来事に対して距離をとり、全体を見渡した視点から結論づける、あるいは評価を下すためです。こうしてみると、この**ひと区切り**用法も、最初に説明した**断絶**用法と通じるものがありますね。p.165 の表を次のように修正しておきましょう。

すでに終わったこと	今現在	未来
1) 推測の前未来	ひと区切り 断絶	後のことは知らない
2) 見限りの前未来		
7) 8) 確定の前未来		後は関係ない

　いずれにしても、未来完了である本来の前未来は、従属文中で使われるか、「〜までに」という表現を伴うかのどちらかです。そうではない独立文に前未来が使われていたら、スピード用法とひと区切り用法のどちらかだと考えていいでしょう。最後に、代表的な例を挙げておきましょう。

9) Ce que tu dis, aujourd'hui, est mille fois mieux que la phrase que j'attendais, l'autre jour. Ce malentendu *aura* au moins *servi* à quelque chose !

きょう、君が言ったことは、この前、僕が期待していた言葉より千倍もいいな。あの誤解が少なくとも何かの役に立ったわけだ。

4課　大過去 vs 複合過去
— 現在にかかわる大過去

問題　大過去は、ふつう過去の一時点に対して完了を示しますが、いつもそうとは限りません。次の 1)〜 3) を比較してみましょう。

1) **Il respirait à peine quand on** b) **l'a découvert à l'endroit où il** a) **était tombé.**

墜落現場で発見された時、彼はほとんど虫の息だった。

2) **On est déjà en retard. On** a) **avait dit midi, il** b) **est déjà midi.**

もう遅刻だよ。昼の 12 時って言ってたのに、もう 12 時だもの。

3) a) **J'étais venu faire mon tour d'inspection. Bon, je vous** b) **arrange ça.**

［急に修理を頼まれて］点検巡回に来た（だけ）なんだけどな。ま、いいか、何とかしてあげますよ。

---

1) 大過去 était tombé「墜落した」は複合過去 a découvert「発見した」から見て以前の出来事、すなわちふつうの「過去完了」。
2) もう 12 時を過ぎており、約束には間に合わない。したがって、「（約束の時間は 12 時だと）言った」ことは、**今現在**、意味を失うので、大過去 **avait dit** により言ったことを解消する。
3) 「点検巡回」のはずが「修理」を引き受け、**今現在**、「来た」目的が変更される。したがって、大過去 **étais venu** により「点検巡回」とのつながりを解消する。

---

5 章 3 課で見た「断絶」の半過去、たとえば Je **m'y attendais** bien.「そういうことになると思ってたよ」を思い出しましょう。p.150 の図に大過去を追加すればそのまま使えます（下図）。つまり、「12 時と言って約束し

判断・予想　半過去・大過去	⇨　確認（＝断絶）	今現在　判断・予想は意味を失う

た」（大過去）→「そう思っていたが、約束の時間は過ぎている」（確認・断絶）→今現在「約束は意味を失う」のように「断絶」の半過去と同じパターンになります。違いは、「持続的」動詞の場合は半過去、「完結型」動詞の場合は大過去、というだけです。もっとも、penser などはどちらでも使えます。あえて訳し分ければ大過去は 4) のように「思ったとおり」、半過去 pensais だったら「思っていたとおり」になるでしょう。

4) Un jour, ils _a)_ **sont arrivés avec un adorable petit chat ; mais comme je _b)_** l'_avais_ **pensé, les enfants ne s'en*** occupent jamais. (* en = du petit chat)

> ある日、子供たちがとってもかわいい子猫ちゃんを連れて帰ったの。でも案の定（←思ったとおり）子供たちはぜんぜん猫の世話をしないのよ。

ところで、4) の大過去 avais pensé は「子猫が家にやってきた時、あるいは飼うことに決めた時、考えた」というわけですから、複合過去 sont arrivés と同時か、それ以後の事柄を表しています。つまり、大過去は複合過去より後に位置することができるのです。

複合過去は単に今現在から過去の一時点（un jour）の出来事を振り返っています（p.163 の図参照）。それに対し、je l'_avais pensé_「そう（＝子供たちは世話をしないだろうと）思った」は、今現在、思ったとおりの状況になっています。すなわち「最初に思ったこと」は確認済みとなり、今や「意味を失っている」のです。これが「現在にかかわる」大過去です。

次の 5) も過去の身の上話を複合過去でしていながら、今現在の話に大過去が出てくる例です。

5) [奥さんに逃げられた者同士の会話です]

A : Elle _a)_ n'est partie avec personne.

B : La mienne non plus _b)_ n'est partie avec personne, parce que

Benjamin ou personne, c'est pareil, mais elle est tout de même partie avec lui.

A :［相手の話が続くことに苛々して］**On ₍c₎ s'était dit au revoir, je crois ?**

B : Oui, oui, je file...

> A：「僕の妻（=elle）は誰かと逃げたわけじゃない」
>
> B：「うちのやつも誰かと逃げたわけじゃない。バンジャマン（＝妻と駆け落ちした男）なんていないも同然の男ですからね。それでもやっぱり彼と逃げちゃったんです」
>
> A:「僕たち、もうさよならって言ったんじゃなかったっけ？」
>
> B:「はい、はい、帰りますよ…」

A さんは奥さんに家出されたばかり、B さんの場合はだいぶ前の話です。**出来事の成立だけを伝える複合過去**は、10 年前だろうが今日だろうが関係なく使えます。それはよいとしても、話し合っていた A さんと B さんが別れを告げたのはせいぜい 10 分ぐらい前のことでしょう。それなのに、大過去 On s'était dit au revoir になっていますね。「別れを告げたのに（まだいるなんて＝別れの解消）」という気持ちを表しています。

出来事が生じた実際の時間が時制形の選択に必ずしも関係しないということを左下の図でもう一度再確認しておきましょう。

ところで、たとえば、今いない人に関してなら、₍d₎ Où est-il passé ?「彼、どこに行ったんだ？」のように複合過去を使います。「どこかに行った」→「今現在、ここにいない」（＝発話時点に**連続**）というわけです。しかし、帰ってきた人に向かって言う時は ₍e₎ Où étais-tu passé ?「どこに行ってたんだ？」と大過去にしなければいけませ

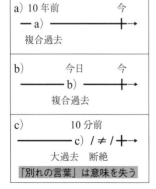

a) 10 年前　　　今
― a) ―――┼―→
複合過去

b) 今日　　　　今
――― b) ―┼―→
複合過去

c) 10 分前
―――― c) / ≠ /┼→
大過去　　　断絶
「別れの言葉」は意味を失う

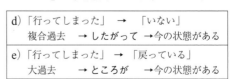

d)「行ってしまった」　→　「いない」
　複合過去　→ したがって →今の状態がある

e)「行ってしまった」　→　「戻っている」
　大過去　　→ ところが　→今の状態がある

ん。「どこかに行っていた」≠ ところが「今現在、戻っている」（＝発話時点からの**断絶**）というわけです。

　日常的にフランス語に接していない私たちにとって、このような大過去はなかなか見えない用法の1つです。私は映画を見ていてこの種の大過去に出会うと必ずメモするのですが、その1つを紹介しておきましょう。

6）［知人に電話すると何と自分の妻と彼が愛し合っている最中…］

　　Charlotte ? Non, ne m'explique rien. Je veux que tu quittes cet endroit immédiatement... Comment ? Bien sûr que tu te rhabilles !... Je ne suis pas seul. Je ne peux pas te parler, on causera à la maison. Charlotte, je t'*avais enregistré* le patinage artistique.

　　（電話を代わった妻に）シャルロットかい？ いや、説明は何もせんでいい。すぐにそこを出なさい… 何だって？ そりゃもちろん、服は着るさ…（こっちは）私ひとりじゃないんで、（電話では）話せない。うちで話し合おう。シャルロット、（お前に頼まれた）フィギュアスケート（の実況放送）をせっかく録画してやったんだがな。

　ふだんどおりに帰ってくるはずの妻との会話であれば、複合過去を使って je t'*ai enregistré* le patinage artistique「フィギュアスケートは録画してあげたからね（＝一緒に見よう。早く帰っておいで）」というラヴコールになるはずです。それを大過去で言い換え、「録画したことがもう役に立たない」と言う夫の気持ちは限りなく複雑ですね。

　次の「未来計画変更」の大過去も熟読玩味してください。

7）**C'est demain que j'*avais projeté* de faire ça, mais puisque je t'ai sous la main ce soir, je vais me servir de toi, mes garçons sont trop lourds.**

　　（新馬の試乗は）明日という計画だったが、今晩お前（＝小さな子供）が来ているので、（今）お前にやってもらおう（←お前を使う）、牧童たちでは体重が重すぎるからな。

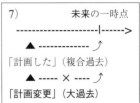

171

5課　quand の秘密 (1)
— 用法のまとめ

[問題]　1) はフランス語を母語とする人たちからダメ出しされることの多い文です。どこがいけないのか考えてみましょう。

1)×**Quand je me promenais dans la forêt, j'ai rencontré mon professeur.**
森を散歩していた時、私は先生と出会った。

> 進行中の行為・出来事を示す半過去は quand と相性が悪い。したがって、半過去を含む部分の冒頭から quand を削除し、複合過去を含む部分の冒頭に移す：Je me promenais dans la forêt *quand* j'ai rencontré mon professeur.

　私たち日本人は、時を示す quand (= lorsque) ... を「〜する時」で置き換えてわかったような気になってしまいがちです。もちろん、フランス語の文を解釈するだけなら、それであまり支障はありません。しかし、日本語的な感覚で quand (lorsque) を使うと痛い目に遭うことがあります。私自身、quand の特殊性に気づいたのはフランス語を教えるようになってからで、日本人の作ったフランス語をチェックしていた時のことです。同僚のフランス人が 1) の文をちらっと見ただけで、即座に「これは駄目だ」と言ったのです。どこがいけないのか尋ねると、このような場合 quand と半過去を組み合わせることはできないと言って、上の解答欄のように直したのです。

　不思議ですね？　日本語の「〜していた時」という表現は不自然ではありません。ところが、それをそのままフランス語の〈quand (lorsque) ＋半過去〉に置き換えると不自然なのです。pendant que..., comme..., alors (tandis) que..., un jour que... などと半過去の組み合わせ、あるいはジェロンディフ en me promenant なら問題ないだけに、よけい quand の用法が不思議に感じられます。そこで、これまで学んできた時制のまとめをかね

て、時を示す quand の用法を整理しておきましょう。

quand と同時の出来事

一番ふつうの使い方は個別的な出来事 a) と出来事 b) が同時に起こる場合で、quand... と主節には 2) 3) のように同じ時制形を使うのが原則です。同時とは言ってもふつう a) が b) に先行します。

2) Mais quand _{a)} **j'*ai rencontré* Mathilde,** _{b)} **j'*ai pensé* exactement : voilà ma dernière chance de bonheur.**

> しかし、マティルドに出会った時、僕はまさにこう思ったんだ。「これは僕にとって幸せになるラスト・チャンスだ」

3)［棚の上の鞄から写真（=elle）が落ち、向かいの座席の人に謝ります］

Je suis désolé, _{b)} **elle *est tombée*** _{a)} **quand j'*ai sorti* mon dossier.**

申し訳ありません、書類を取り出したら写真も落ちてしまいました。

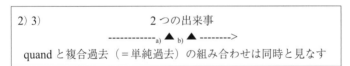

```
2) 3)                        2 つの出来事
              ------------a) ▲ b) ▲ -------->
  quand と複合過去（＝単純過去）の組み合わせは同時と見なす
```

この場合、quand... の中の単純過去（あるいは単純過去と同等の働きをする複合過去）は原則として否定表現は使えません。quand で何らかの出来事・行為があったことを示して、初めて主節の出来事・行為が生じるのですから。

quand と完了

あえて完了を強調したい時は quand... の動詞を 4) のように複合時制の前過去にすることもできます（p.156-157 参照）。

4) Quand Jilou _{a)} ***se fut éclipsée,*** _{b)} **Sylvie *s'assit* au bord du lit.**

ジルーが姿を消すと、シルヴィーはベッドの端に腰を下ろした。

しかし、話し言葉では前過去の代わりに**複複合過去**が使われることもあります！

```
4) quand + 前過去 + 単純過去
----------------------b) ▲ -------->
      （完了）a) ♪ ↗
5) quand + 複複合過去 + 複合過去
```

5) Quand on ₐ *a eu fini* **de rigoler,** ᵦ **j'ai demandé à Alceste ce qu'on allait faire***. (* 間接疑問 ← 直接疑問 *Qu'est-ce qu'on va faire ?*)

みんなで大笑いしてから、ボク、アルセストに聞いたんだ。これから何しようかって。

進行中・完了済みの状態は quand の外

個別的な出来事が生じた時、別の出来事が、6)「すでに進行中だった」、7)「すでに完了していた」、8)「すでにある状態に入っていた」ことをそれぞれ表す場合、主節は〈半過去（あるいは大過去）＋ déjà〉の形にします。もちろん、この déjà は省略可能ですが、déjà が quand... の中に入ると不自然になります。

6) Quand il ᵦ *arriva* **dans la salle d'attente, le signal d'embarquement** ₐ *sonnait* **déjà.**

彼が待合室に着いた時、すでに乗船をうながすベルが鳴っていた。

7) Quand ᵦ **j'ai été prévenu, on** ₐ **l'avait déjà transporté à l'hôpital.**

私が知らされた時、彼はすでに病院に運ばれていた。

8) Quand je ᵦ *sortis* **de là,** ₐ **j'étais déjà ivre.**

そこを出た時、私はすでに酔っていた。

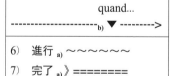

```
                    quand...
--------------------b) ▼ -------->

6)  進行 a) ～～～～～～
7)  完了 a) ♪ ========
8)  状態 a) =========
```

quand と反復・習慣の半過去

個別的な出来事あるいは状態が繰り返されるたびに、ある出来事（状態）が繰り返される場合、quand... にも主節にも半過去が使われます。

9) Et ₐ) **quand** quelqu'un lui *jetait* un morceau de viande, ᵦ) **il** *se levait* et *allait* lui pisser tranquillement dessus, en guise de remerciement.

> そして肉を一切れ投げてくれる人がいると、彼（= Diogène ディオゲネス）は立ち上がり、お礼の印としてその人に悠然と小便をかけるのであった。

10) ［ブラジャーを1つしか持っていないので、毎晩のように洗濯していた時の話］

> ᵦ) **C'était** tout un drame <u>quand</u> il ₐ) n'*était* pas sec. Il n'y a rien de plus triste au monde que de mettre un soutien-gorge encore humide.

> 乾かない時は悲惨だったな。まだ湿っているブラを着けるほど悲しいことなんてこの世にありえないわよ。

quand... 半過去
----ₐ)••••••••••---->
9) 10)　習慣 ᵦ)••••••••

一定の時期・時代を示す〈quand＋半過去〉

　ある一定の時期・時代に関する場合〈quand＋半過去〉でどの時期かを示し、主節でどういう状況であったか、何が起こったかを伝えます。この場合、主節の動詞の時制形にはほとんど制限がなくなります。

時期・時代　quand... 半過去
----[=========]---->
11) 14)　=========
12)　　　　••••
13)　　••••••••••••

11) **Quand** j'*étais* jeune, j'*habitais* chez mon oncle.

> 若いころ、私は叔父の家に住んでいた。

12) **Quand** j'*étais* étudiant, j'*ai* souvent *voyagé* avec de bons amis.

> 学生時代、私は仲のよい友だちとしばしば旅行をした。

13) **Quand** il *allait* en classe, il *singeait* toujours ses professeurs.

> 学校に通っていたころ、彼はいつもふざけて先生のまねをしていた。

14) Elle *vivait* dans un appartement à Mitaka <u>quand</u> elle *travaillait*.

> 働いていた時、彼女は三鷹市でアパート暮らしをしていた。

6課　quand の秘密（2）
— 半過去の謎を解く

　前の 5 課の 1）で〈quand ＋進行中であることを示す半過去〉は不可
で、その場合〈半過去＋ quand...〉のように半過去を quand の外に出し、
quand より前に置くほうがよいことを学びました。

（問題）　次の 1）では継続を示す大過去が、2）では結果状態を示す大過去
が、それぞれ quand... の前に出ています。これらの大過去と、進行中であ
ることを示す半過去には何か共通するものがあるのでしょうか。

1）**On *avait* déjà *couché* ensemble plusieurs fois <u>quand</u> elle me <u>suggéra</u>
   avec une certaine retenue : — Si tu veux, je peux te laisser un double
   des clés...**

> 僕たちがすでに何度もベッドを共にしていたころのこと、彼女はある種の慎みをもって
> こんな提案をした。「あなたさえよければ、合い鍵を預けてもいいのよ」

2）［部屋から出て］**Il *avait* presque *refermé* la porte sur lui <u>lorsqu'il</u>
   <u>repassa</u> la tête dans l'entrebaillement. — Ah ! oui, j'avais oublié* de
   vous dire ; vous avez de la visite.** (* 今現在との断絶を示す大過去：「忘れてし
   まった」→だけど→「今、思い出した」)

> ドアをほとんど閉めかかったところで、彼は隙間から再び顔を出した。「ああ、そうそ
> う、言い忘れましたが、誰かが会いに来てますよ」

> 大過去は前過去と違い「過去の一時点での完了」を示すだけではなく、1）
> 「過去の一時点までの継続（これからもベッドを共にする可能性が大）」、2）
> 「完了した事柄の結果状態」も示す。したがって、実質的には行為や状態が
> 続いていることを示す半過去と同じ働きをしていることになる。

　時を示す quand を使う場合の原則は、quand が主節の出来事あるいは
状態をきちんと位置づける安定した要素でなければならないということで

す。したがって、quand... は否定された（＝成立しなかった）出来事を嫌います。また、すでに完了してしまった（＝消滅した）出来事も現時点の安定には役立ちません。さらに、一時的な状態も不安定です（「散歩していた」などの進行行為も同様）。

事実、「すでに〜してしまっていた時」あるいは「〜していた時」別の出来事が起こった場合、〈完了状態／進行行為／一時的な状態 (,) **quand** ＋出来事〉という構造の文にするのが原則なのです。下の例では、いずれも安定しない部分が主節として前に出て

quand... が続きます。しかし、次ページの表で明らかなように主節の時制形は大過去、半過去、複合過去、現在形とさまざまです。したがって、今まで長いあいだ〈quand ＋半過去〉の謎とされてきた現象は、実は半過去だけの問題ではなかったのです。

半過去的	--> ???
この先どうなるか わからない一時的 で不安定な状態	
＝＝＝＝＝＝＝＝＝＝（？？？） ⟶ ▲ quand ＋ 出来事	

3) **Je *lisais* allongé sur mon lit lorsque je m'étais profondément endormi.**

ベッドに横になって本を読んでいて、私はぐっすり眠り込んでしまったのだった。

4) **Nous *étions en train de boire* du thé pendant une pause, quand Yuriko m'avait proposé :** [...]

休み時間にお茶を飲んでいた最中に百合子が私に提案した。「…」。

5) **Il *était* plongé dans ses pensées quand on sonna à la porte.**

彼が物思いに沈んでいると、入り口のチャイムが鳴った。

6) **Rémo *a* déjà *sombré* dans l'inconscience quand deux mains aux ongles noirs de cambouis relèvent* la visière de son casque...** (*「語り」の現在)

［バイクが車にはねられて］レモはすでに意識を失っている… そんな時（突然）爪を油で黒く汚した両の手がレモのヘルメットのシールドを持ち上げる。

7) J'*écoute* de toutes mes oreilles, me demandant comment l'affaire va finir, lorsque Kaneda appelle* sa fille à grands cris. (*「語り」の現在)

このさき、事局はどう発展するかと謹聴している時、大きな声で金田君が令嬢を呼ぶ。

1) 大過去（継続）＋ quand ＋ 単純過去
2) 大過去（結果状態）＋ quand ＋ 単純過去
3) 半過去（進行中の行為）＋ quand ＋ 大過去
4) 半過去（進行の強調形）＋ quand ＋ 大過去
5) 半過去（状態）＋ quand ＋ 単純過去
6) 複合過去（結果状態）＋ quand ＋ 現在形
7) 現在形（進行中の行為）＋ quand ＋ 現在形

すんでのところで危機をまぬがれる話

　以上でわかるように「quand の秘密」は半過去に限ったことではありません。にもかかわらず、これが〈quand ＋ 半過去〉の謎とされてきたのは、〈半過去＋（,）quand ＋ 出来事〉というパターンが圧倒的に多いからです。つまり、半過去は本質的に不安定な時制形、「事態が中途半端なまま宙ぶらりんであること（＝未完了）」を表わす時制形なのです。次の例も quand の代表的な用法ですが、**半過去で表される行為は未遂である**、あるいは少なくとも完全に成立しているわけではないのは明らかですね。

8) Un taxi s'arrêta : Pierre *s'apprêtait* à prendre place, lorsque Marie l'apostropha.

タクシーが止まった。ピエールが乗り込もうとしているとマリーが声をかけた。

9) Ce jour-là, le doyen de faculté *regagnait* tranquillement son bureau, quand des étudiants en train de fuir l'avaient informé de l'accès de folie du professeur H.

その日、学部長がのんびり研究室に戻ろうとしていたとき、逃げてきた学生たちがH教授の突然の精神錯乱を彼に告げたのだった。

ところで、「過去における現在」としての半過去は近未来的な「～する
ところだった」を表すこともできました（p.144参照）。これを「未遂」の
半過去と組み合わせると「もう少しで～するところだった（しかしそう
はならなかった）」というニュアンスになります。しかし実は、現在形を
使ってもほとんど同じ意味を出せることに注目してください。

10）**Je me tortillais pour lui dissimuler mon visage grimaçant. Encore
un mot cruel et j'*allais* me mettre à pleurer.**

> 私は身をよじるようにして（悲しみで）ゆがんだ自分の顔を彼女に見せまいとしていた。
> 残酷なもう一言があったなら、泣き出してしまうところだった。

11）**Un pas de plus et je *tire*.**

> 一歩でも動いたら撃つぞ。

半過去も現在形も「ある一定の限界（＝もう一言／もう一歩）を超えた
ら必ずこうなる」という状況を表現しています。もっとも半過去の場合、
その後のことがわかっているわけですから、あえてこういう言い方をする
ときは実際にはそうならなかったことが前提です。その意味で次例のよう
に条件法過去による言い換えが可能で、現象的には「過去の反現実」の条
件法過去と同じことを示します。しかし、日本語訳で明らかなように本質
はかなり違い、近未来的な半過去だと「すんでのところで危機を免れた」
というニュアンスが出ます。

12）**Encore un peu et je *tombais* (≒ je serais tombé) dans l'escalier.**

> もう少しで私は階段で転ぶところだった（≒転んでしまったことだろう）。

13）**Sans la présence d'esprit du chef de gare, le train *déraillait*
(≒ aurait déraillé).**

> 駅長のとっさの機転がなければ電車は脱線するところだった（≒脱線しただろう）。

フランス語の勉強法 ?? 「バカは死ななきゃ治らない」

今から 40 数年前のフランス留学中、知り合いのフランス人に誘われ、ヴォージュ県 les Vosges にある彼の実家に行ったことがあります。彼には 5 歳と 7 歳の 2 人の娘さんがおり、どこに行くにも一緒でした。森の中や湖のほとりを歩いて過ごしたのですが、何かが目に入るとすかさず「日本語で何て言うの？」と聞いてきます。

« Le soleil ? »「お日さま」。するとしばらく太陽を指さして « Ohissama ! ohissama ! » と叫びます。« Un caillou ? »「石っころ」。すると石ころを見るたびに « Ishikkoro ! Ishikkoro ! »。そして、« Des framboises ? »「木イチゴ」: « Kiitchigo ! kiitchigo ! » などなど。

そして、家に帰ってからも楽しそうに繰り返すのです。あっという間に数十語は覚えたのではないでしょうか？ 残念ながら、日本人のお兄ちゃんとは数日の付き合いですから、忘れるのもあっという間だったでしょう。でも、ああ、これが言語習得の秘訣だな、と考えました。好奇心いっぱいで、まったく素直で、音を上手に真似て、何よりも反復することに喜びを感じる！ 彼女たちは言葉を全身で表現していたような気もします…

でも、外国語教員になって思い知りました、大学生になったら、「素直な好奇心」「知らない音に対する受容能力」「反復をいとわない心」など、すべて低下しているのですね。だとすると、別の学び方が必要になります。

まあ、平凡なことですが、大人になって外国語の学習をするには、自分の専門や、興味があること・好きなことに関連づけるのが一番です。

私は歴史が好きでフランス留学時の当初の研究テーマは、「17 世紀初頭における日本とフランスの比較」でした。日本では江戸幕府の安定政権成立、フランスではアンリ 4 世 Henri IV によるブルボン朝 les Bourbons の成立とリシュリュー枢機卿 le cardinal de Richelieu による王権強化、そんな時代に剛健な武士や騎士貴族が宮廷人に変化していくさまを研究したかったのです。

しかし、師事するはずのセルジュ・ドゥブロフスキ Serge Doubrovsky 先生はニューヨークの大学に移ってしまい、結局、私はもともとの専門であるフランス語研究に戻りました（ドゥブロフスキ先生は、作家・哲学者として今でも活躍なさっています）。

　そんなわけで修業時代の私の読書は、歴史書に偏っていました。好きだから頑張ってたくさん読むのでそれでいいのですが、言葉のバランスを考えると歴史書は少し文章が硬くて，多様性がなく単調かなという気がします。

　映画のフランス語も意外に効率が悪く、とんでもなく下品な表現を大量に覚えてしまう恐れもあります。むしろ、楽しく記憶できるということから言えば、シャンソンがいいかもしれません。たまたま "DVD Home Karaoké" をフランスから買って帰り、試しました。カラオケを楽しみながらですから、かなり繰り返しても飽きません。その中で、フランス語教員的な立場から、クロード・フランソワ Claude François の『いつものように Comme d'habitude』がお勧めです（この曲は『マイウェイ My Way』というタイトルで、1969 年頃、世界的な大ヒットとなりました）。

まずは代名動詞：

Je me lève et je te bouscule	僕は起き［その拍子に、つい乱暴に］君を押しのけてしまう
Tu ne *te réveilles* pas […]	［でも］君は目を覚まさない

そして、しつこいほどの未来形：

Et puis le jour *s'en ira*	そして 1 日が過ぎ
Moi je *reviendrai* comme d'habitude	僕は戻ってくる　いつものように
Toi, tu *seras* sortie ［前未来形です］	［でも］君は、出かけてしまって
Pas encore rentrée […]	まだ帰っていないだろう
Comme d'habitude tu *rentreras*	［結局］いつものように　君は帰って来る
[…] on *fera* semblant	［そしてまるで君の浮気がなかったかのように］いつもどおり僕たちは
Comme d'habitude on *fera* l'amour	セックスするだろう

181

それから、「バカは死ななきゃ治らない」を日本語にどう訳すかについてヒントをもらったのも、シャンソンからです。p.52 で触れた、私が大好きな歌手ジョルジュ・ブラサンスの歌に『老若のバラード *Le temps ne fait rien à l'affaire*』というのがあります。タイトルは何が何だかわからない日本語訳になっていますが、下の拙訳を見ていただければもう少しましなイメージがわくと思います。

　「若い者は年寄りをバカにし、年配の者は若者をバカ扱いして、いがみ合っている」と歌った上で、「中年の」ブラサンスはこう続けます。

Moi, qui balance entre deux âge	さて中年　どっちつかずの私め
J'leur adresse à tous un message	みんなに言わせてもらいます
Le temps ne fait rien à l'affaire	バカは死ななきゃ治らない
Quand on est con, on est con	いくつになってもアホはアホ
Qu'on ait vingt ans, qu'on soit grand-père	二十歳だろが　じいさんだろが
Quand on est con, on est con	いくつになってもアホはアホ
Entre vous, plus de controverses	さあさあけんかはおやめなさい

　ひょっとして、私たちのようにおおむね「死ななきゃ治らないバカ」は、開き直ってバカになり（＝素直になり）外国語を受け入れるのがいいのではないでしょうか。

　この『中級フランス語　よみとく文法』を執筆中だった 2010 年 9 月、私は何年ぶりかで南仏の港町セート Sète に行ってきました。セートはブラサンスの生地です。おこがましい言い方ですが、ブラサンスの歌詞がわかり、心底楽しめるようになったら、あなたのフランス語は本物です。

7章

接続法の考え方

フランス語の接続法というのは、言語研究者的な見地からは
とてもおもしろいのですが、日本語使用者の観点からは、実
際のコミュニケーションにおいてあまり重要だとは思えない
妙な存在です。つまり、日本語にはフランス語接続法的な発
想がありません。私は1、2年生の学生に「今のところ、無
理に覚える必要はないよ。フランス人が接続法を使うところ
で直説法を使ってもほぼ100％通じるから」と言っています。
活用形やどんな場合に使うか覚えるのは大変だからです。し
たがって本章では、直説法と接続法がどう違うか説明するた
めに、「情報のポイントがどこにあるか」という極めて基本
的なアプローチを試みました。この考え方を頭の片隅に置い
て経験を積んでいけば、接続法が意外に難しくないことに思
い当たるはずです。

1課 接続法って何だろう（1）

―「主観」「感情」「疑惑」「命令」…

問題 次の 1) ～ 3) の従属節には動詞 (dire, se rétablir, être) が接続法に置かれています。なぜ接続法なのか説明してください。

1) Ça me rend triste qu'on me *dise* une chose pareille.

    そんな事を言われると、私、悲しくなっちゃう。

2) Malheureusement, il est, semble-t-il, douteux qu'il *se rétablisse*.

    残念ながら、彼が回復するのは、どうやら難しい（←疑わしい）ようだ。

3) À deux reprises, le président ordonna* que certains fonctionnaires *soient* soumis à ce genre d'examen.（* ordonner の単純過去）

    2 度にわたって大統領は何人かの公務員をこの種の検査にかけるよう命令した。

1) 主節に triste「悲しい」という主観的な感情表現があるから。
2) 主節に douteux「疑わしい」があり、事実ではないかも知れないから。
3) 主節に ordonner「命じる」という命令表現があるから。

「主観」「感情」「疑惑」「命令」… 接続法という聞き慣れない文法用語を耳にした学習者が先生に質問したり参考書を調べたりすると必ず出てくる説明です。実際、上の問題にあったように主節に「悲しい」や「疑わしい」「命令する」などの表現があると、それに続く名詞節 que... の中で接続法が使われます。

1)「悲しい」
2)「疑わしい」
3)「命令する」
+
接続法

したがって、上の説明は間違いではありません。しかし…

4) Ça me fait plaisir que tu *sois venu*...

    君が来てくれたなんてうれしいな。

5) C'est curieux qu'elle *ait dit* une chose pareille.

    彼女がそんなことを言ったなんて不思議だな。

184

6）**Tu sais, c'est un miracle que je *sois* vivant...**

あのね、私が生きてるってのは奇跡なんだよ。

7）**Je crains qu'on ne m'*ait* mal *compris*.**

誤解されたのではないかと心配だ。

8）**Pourquoi as-tu besoin que la vie *ait* un sens ?**

なぜ人生に意味がなけりゃいけない（←君は必要としている）んだ？

9）**Dommage que l'orage *ait interrompu* notre promenade !**

雷雨で僕たちの散歩が中断されたなんて残念だ！

> 4）「喜び」
> 5）「不思議」
> 6）「奇跡」
> 7）「恐れ」
> 8）「必要性」
> 9）「失望」
> 10）「善悪」
> 11）「可能性」
> ＋
> 接続法

10）**Et finalement, c'est très bien qu'elle l'*ait épousé*, lui et pas moi.**

で結局、彼女が僕じゃなくて彼と結婚したのはとてもいいことなんだ。

11）**— Il y a des chances qu'il *ait réussi*.**

　　— Je sais qu'il a réussi.

「彼は成功したかもしれない（←可能性がある）」「僕は知ってるよ、成功したって」

　これらの場合でもなんとなく接続法を使うのかなという気はします（なんとなく主観的？）。でも、いろいろありすぎて、そろそろうんざりではありませんか？　えっ、まだ続けたい？　では、こんな例はどうでしょうか？

12）**Il est temps que vous *pensiez* à votre avenir.**

そろそろあなたも自分の将来を考える時ですよ。

13）**C'est normal que ça *fasse* mal juste après une opération.**

手術の直後に痛みがあるのは当たり前です。

> 12）「～する時間だ」
> 13）「当然だ」
> 14）「提案する」
> 15）「頻度」
> ＋
> 接続法

14）**Il est midi. Je propose qu'on *arrête* et qu'on *aille* manger.**

12時だよ。仕事をやめて食事に行こうじゃないか。

15) **Il est rare que mon maître *reçoive* des visites féminines, aussi regardé-je* la nouvelle venue à la voix perçante.**（* je regarde の主語と動詞が倒置されると regardé-je）

主人のうちへ女客は稀であるから、吾輩はかの鋭どい声の新客をしげしげと見る。

主観・客観？

以上のように接続法が使われている例を見てくると、頼みの綱の「なんとなく主観的」という判断基準も怪しくなってきます。15) の「頻度」は rare が「否定的」だから接続法なのだと考える人もいるかもしれませんが、そんなことはありません。16) のように fréquent「頻繁にある」も接続法を要求します。

16) **Il est fréquent qu'un joueur professionnel *soit* transféré d'un club dans un autre.**

プロのプレーヤーがクラブからクラブへと移籍することはよくある。

蛇足ながら、il arrive que... 「たまたま〜することがある」の場合も「頻度」の例と考えることができます。

17) **Il arrive que ça *revienne* plus cher d'acheter des choses à bon marché.**

安物を買うとかえって高くつくことがある。

ところで、18) の avoir l'intuition「直感する」、19) の avoir le sentiment「気がする」は主観的な判断を表していると思いますが、que... の中は直説法です。

18) **J'ai eu l'intuition que cette fille n'*était* pas du genre à rechercher les hommes pour se faciliter la vie.**

この娘は楽な生活をする目的で男を探すようなタイプではないことを私は直感した。

19) **J'ai le sentiment que Yukari *va* revenir, mais je n'en suis pas absolument sûr.**

由香里が戻ってきそうな気がするが、絶対の確信があるわけ
ではない。

したがって、主観的か客観的かというのは必ずし
も接続法の用法を説明する決め手にはなりません。

> avoir l'intuition
> avoir le sentiment
> ＋
> 直説法

主節の否定表現と接続法

「主節が否定の場合、従属節は接続法」という説明も参考書などに必ず
出てきます。そこで、次の 2 つの文を比較してみましょう。

20) Il est certain qu'elle *a été* malade.

彼女はきっと病気だったのです。

20') Il n'est pas certain qu'elle *ait été* malade.

彼女が病気だったかどうかは、はっきりしません。

これは「確信」が「疑惑」に変わることで説明できそうです［2) を参
照］。しかし、「疑惑」が「確信」に変わる場合はどうでしょう？

21) Nul doute qu'il *réussira*.

彼は絶対に成功する。

22) Nul doute qu'ils *avaient* déjà *couché* ensemble.

彼らがすでにベッドを共にしたことは確かだった。

23) Nul doute que les chrétiens *aient été* torturés ici.

キリスト教徒がここで拷問されたことに疑いの余地はない。

「成功」が確実だと言いたい 21) には主張の弱い接続法は適当でなく、
未来形のほうが好まれます。22) や 23) のような過去の事柄に関しては、
pas douteux que.... や nul doute que.... に直説法も接続法も使われます。話
がますますゴチャゴチャしてきましたが、次の課で整理に努めます。

2課 接続法って何だろう (2)
— 情報のポイントは主節? それとも従属節?

(問題) 次の 1) と 2)、3) と 4) はそれぞれ主節に同じ動詞が使われているにもかかわらず、que... の中が直説法だったり接続法だったりします。何か違いがあるのでしょうか。

1) **Je compris* que ma présence la *gênait*, je me retirai* donc immédiatement.** (* comprendre, se retirer の単純過去)

   私の存在が彼女には気詰まりなのだということがわかった。そこで私はすぐに退席した。

2) **Je comprends qu'elle en *veuille* à tout le monde.**

   彼女がみんなを恨んでいることは理解できる。

3) **Si Pierre arrive, explique-lui que je *suis* désolé, mais que je n'ai pas pu l'attendre.**

   ピエールが来たら、悪いが来るまで待てなかった、と説明してくれ。

4) **Cela explique que le nombre de ceux qui se déclarent "sans religion" *soit* en augmentation constante.**

   このように考えると、自分は「無宗教だ」と言う人がコンスタントに増え続けていることに説明がつくのである。

> 1) で comprendre が que... であることを単に「認識した」を意味するのに対して、2) では「もっともだと思う」という判断を表している。
> 3) で expliquer が単に「〜だと言う」を意味するのに対して、4) では「なぜ〜であるのか説明できる」を意味している。

　1) では「私の存在が彼女には気詰まりだった」ことが情報の中心です。「気詰まり」でなければ je me retirai「私の退席」はありえないのです。逆に、2) が伝えようとしているのは「彼女がみんなを恨んでいる」ことそのものではなく、そのことに対する「判断」「共感」です。また、3) で大切な

ことは「先に帰るが悪く思わないでくれ」という気持ちが Pierre に伝わることです。4) では逆に「そのように考えると説明がつく」ほうが重要です。

　いずれの場合も、直説法では que... の「...」の部分が独立した**新情報**になっているのに対し、接続法では確認済みの**旧情報**になっています。誇張して言えば、「彼女がみんなを恨んでいる」こと、「無宗教を自認する人が増えている」ことは**周知の事実**で、情報量はゼロです。

情報量100%：直説法	接続法：情報量ゼロ

直説法って何だろう？

　ここでいったん直説法とは何かを考えてみるのもヒントになるかもしれません。上の comprendre と expliquer の例で明らかになったように情報の比重が大きければ直説法が選択されますが、当然ながら、独立した文は情報量100％になりますから、命令とか反現実とかの要素が入らないかぎり直説法になります。

　たとえば、Elle est belle. と言うところを、わざわざ *Je dis qu*'elle est belle. にしたら Je dis que は通常は余計な情報になります。逆の言いかたをすると、直説法は基本的に Je dis que が省略された情報の伝達方式ということになります。

　こうしてみると、話し手が〈X que Y〉と言うとき、情報の比重がYにかかっているときは直説法、Xにかかっているときは接続法という法則が成立しそうです。すなわち、主節が表す「喜怒哀楽」「判断」「頻度」などに情報のポイントがあるから、「従属節を接続法にしてその部分の主張を弱める」というのがフランス語独特の発想なのです。

　ところで、「喜怒哀楽」など情報のポイントをさらに前に移動させた文〈X, *c'est* que Y〉とふつうの文〈X que Y〉を比較しましょう。

5) Ce qui est bien, c'est que l'entrée *est* libre.

　　ありがたいことに入場無料なんだ。

6) C'est bien que tu lui *écrives*.　　君が彼女に手紙を書くっていいことだよ。

7）Le miracle est que ce quartier si riche en patrimoine n'*est* pas pour autant un décor de théâtre. Le Marais bouge, change, attire sans cesse de nouveaux publics.

奇跡的なのはこれほど歴史遺産に富むこの界隈（＝マレ地区）が、だからといって（単なる）舞台装置ではないということだ。マレ地区には動きがあり変化があって、絶えることなく新たな観客を惹き寄せている。

8）C'est un miracle que je *sois* encore en vie.

私がまだ生きてるなんて奇跡だ。

9）Le plus drôle（=comique）, c'est qu'il *se croit* beau.

一番こっけいなのは、彼が自分を美男だと思っていることだ。

10）C'est drôle que tu *viennes* juste après.

そのすぐ後に君がやってくるなんて妙だな。

5）7）9）では、ふつう接続法を要求する「喜怒哀楽」「判断」系の表現がある［6）8）10）参照］にもかかわらず従属節が直説法になっています。〈X que Y〉では、主節のXの比重が大きくなると接続法になるというのが上の結論でした。それに対し、〈X, c'est que Y〉は「XなのはYだ」であり、Xが文頭に移動して文のテーマになっています。話し手はそのXだけでなく、Yの情報（＝「入場無料だ」「この界隈は単なる舞台装置ではない」「彼が自分を美男だと思っている」）も同じように伝えたいわけです。したがって、Yの情報の比重が大きくなり、直説法を使うほうが自然な場合が多くなります。これが直説法の特徴で、逆に8）10）のようにYの情報（＝「私が生きている」、「君が来ている」）が言うまでもないこと（＝情報量ゼロ）であれば接続法になります。

情報のポイントが移動しても接続法の場合

〈X que Y〉の形の場合、〈ordonner que ＋接続法〉など「命令・願望」の用例も情報のポイントがXにあることで説明できました（p.184 参照）。ところで、この用法にも同じようにポイント移動をしてみましょう。

11）Tout ce que je veux, c'est que vous me *répondiez* par oui ou par non.

唯一あなたにして欲しいのは、はっきりイエスかノーか答えることです。

12）Ce qu'il faut, c'est que son nom *soit* connu et pour cela tous les moyens sont bons !

（彼にとって）必要なことは、自分の名前が知られることであり、そのためにはどんな手段を使ってもかまわないというわけだ！

Ｙという事柄の実現を強く志向	→	接続法

　ごらんのように、que... の中は接続法にするのが原則です。その理由を考えてみましょう。実は、〈X que Y〉の Y のほうに注目してみると、「喜怒哀楽」系の用法と「命令・願望」系の用法には顕著な違いが見られます。前者の場合、Y は往々にして「周知の事実」を表しており、X はそのことについての気持ちや判断を述べています。それに対して、「命令・願望」用法の Y は言うまでもなく「まだ生じていないこと」を表しています。言い換えれば「起こるかどうかわからないこと」です。したがって、Y は独立した情報ではありません。自然に「実現に向かう」直説法の未来形（独立した情報をもっています）と違い、〈que ＋接続法〉にはまだどうなるかわからない事柄を「実現に向かわせる」というベクトルが働くのです。

　ところで、次のように必ずしも「命令・願望」系ではない表現でも「～であることが必要だ」という「実現への強い志向」というベクトルが働くと接続法が出やすくなります。「実現への志向」が接続法を考える上で重要な要素であることがわかりますね。

Ｘが単なる判断でも Y という事柄の実現を強く志向すれば	→	接続法

13）L'essentiel, c'est qu'elle vous *plaise*.

肝心なことは、彼女をあなたに気に入ってもらうことなんです。

14）L'important, c'est que vous le *sachiez* tous.

重要なのは、あなたがた全員にそのことを知ってもらうことなんです。

索引

数字は各項目が取り上げられているページを表す。

か

過去前未来（完了を表す）　156-158
過去未来　　　　　　　　141-143
関心を表す間接補語人称代名詞
　　　　　　　　　　　137-138
現在形
　進行中の行為　　78-79, 140-141
　行為の結果としての状態　78-79
　quand と現在形　　　177-178
　習慣を表す　　　　　140-141
　予定を表す　　　　　140-141
　近過去的な現在形　　144-145
　近未来的な現在形　　144-145
　発話時点の現在と語りの現在　114
　語りの現在　　　　　124-127
　ストーリーを前に進める現在形
　　　　　　　　　　　153-154
限定辞ゼロ
　主語と直接補語の場合　　68-69
　文の副詞的な要素　　　70-71
　接続詞的な要素　　　　　71
　一時期を表す　　　　　　72

さ

3 人称
　il (elle) est + 形容詞　　32-35
　c'est + 冠詞 + 名詞　　　32-35
ジェロンディフ
　行為を表す（vs 現在分詞）78-79
　同時のジェロンディフ　　80-81
　ジェロンディフは動的　　81

複合形（対立・譲歩を表す）　86
ジェロンディフにできない場合
　　　　　　　　　　　88-90
　否定形（手段・条件、対立・譲歩を表す）
　　　　　　　　　　　90-91
指示形容詞
　「その」を表す　　　　　12
　選択・除外を表す　　　13-15
　いきなり指示形容詞　　　14
　定冠詞と指示形容詞の違い　60
　指示形容詞 + 名詞 ≒ c'est un...
　　　　　　　　　　　62-63
時制の一致　　　　　　116-118
自由間接話法　　　　　112, 117
自由直接話法　　　　　118-119
接続法
　接続法が使われる場合　184-187
　主観・否定と接続法　　186-187
　情報のポイントが主節にある場合
　　　　　　　　　　　188-191
　従属節の情報と接続法　188-190
　実現への志向　　　　　191
前過去
　完了を表す　　　　　157-158
　スピード感を表す　　158-159
前未来
　完了を表す　　　　　157-158
　スピード感を表す　　158-159
　推測の前未来　　　　164-166
　見限り（脅し）の前未来　164-165
　ひと区切り用法　　　166-167
条件法
　逆転の条件法　　　102, 104-105

緩和、推測・伝聞の条件法
              102, 106-107
  「ダメもと」用法   107
  責任逃れの条件法   107
総称
  定冠詞複数＋名詞   21
  不定冠詞単数＋名詞   21
  定冠詞単数＋名詞   21
  c'est... あるいは ça と総称 22, 25
  総称仮定文   55, 57
  選択・除外の総称：指示形容詞＋名詞
               60-62

た

大過去
  発話時点の排除   126-127
  完了を表す   157-158
  断絶の大過去   168-171
  未来計画変更の大過去   171
  quand と大過去   176-178
代名詞化（直接補語）
  「すべて」を表す le・les 系 38
  「部分」を表す en 系   38
  総称的表現の人称代名詞化 50-51
単純過去
  複合過去との違い   120-121
  自立用法の単純過去
      122-123, 128-129, 133
  状態変化を表す   123
  語りの単純過去 124, 132-133
  ストーリーを進める単純過去
             153-154
  発話時点からの切り離し 128-130
  視点移動の単純過去 162-163

直説法
  情報をそのまま伝える直説法
             189-191
  接続法との違い   191
定冠詞
  万人に共通の事象を表す 10
  「どの」系の限定を表す 19
  「すべて」＝選択なしを表す
             18-19, 50
  いい加減な（特定しない）定冠詞
             45-47
  均質化と定冠詞単数 42-43, 53
  「〜といえばこれしかない」定冠詞単数
             119

な

人称化   27

は

はぐれ要素   72-77
半過去
  状態、進行中の行為、習慣を表す
             140-141
  予定を表す   140-141
  反現実を表す   103
  悔しさを表す   119
  過去の近過去的な半過去 144-145
  過去の近未来的な半過去 144-145
  過去における現在 145-147
  過去における過去 145-147
  大過去より以前に位置する半過去
             147
  取り直しの半過去 148-150
  断絶の半過去   150
  婉曲的な半過去   151

ズームアップの半過去　　162-163
一定の時期・時代を表す　　175
反復・習慣を表す　　174-175
quand と半過去　　172-175, 177-178
半過去と反現実の条件法過去　179
反語表現　　99
非可算名詞　　37-38
否定
　隠れた否定（se demander）　96-97
　隠れた否定（non に対する si）
　　　　　　　　　　　98-99
　隠れた否定（拒絶の条件法）
　　　　　　　　　　　100-101
非人称化
　総称的な場合　　22, 25
　コト的な場合　　30-31
複合過去（現在完了）
　現在生きている時制
　　　　129-131, 132-134, 156-158
　quand と複合過去　　177-178
　スピード感を表す　　158-159
　超時的複合過去　　160
　話者の意思を表す　　160-161
　後ろ向きの複合過去　　153-154
　être が複合過去に置かれる場合
　　　　　　　　　　　161-163

複複合過去　　174
不定冠詞
　「どんな」系の限定を表す　11, 58
　選択を表す　　11
　代表を表す　　49, 53
　不定冠詞単数の訳し方
　　　　　　　　53-55, 56-59
分詞構文
　étant, ayant の省略　　74-75
　原因・理由・完了・結果を表す
　　　　　　　　　　　76-77
　状態を表す（vs ジェロンディフ）
　　　　　　　　　　　78-79
　分詞構文は静的　　82-83
　完了を表す　　86
　絶対分詞構文　　87

ま

未来形
　推測を表す　　141-143
　現実に即した未来形　　104
　実現に向かう未来形　　191
　100％確実な「語り」の未来形
　　　　　　　　125-126, 143

本書は、2011 年に小社より刊行された『中級フランス語　よみとく文法』の新装版です。

著者略歴
西村牧夫（にしむら まきお）
1944 年生まれ。元西南学院大学教授。東京外国語大学大学院ロマンス系言語専攻修士課程修了、パリ第 3 大学にて外国語教育研究。専門はフランス語学。
主要編書・著書
『DSF フランス語法辞典』（白水社、共編訳）、『コレクション・フランス語 ③文法』（白水社、共著）、『解説がくわしいフランス文法問題集』（白水社）、『ロベール・クレ仏和辞典』（駿河台出版社、共編訳）。

中級フランス語　よみとく文法 ［新装版］

2023 年 12 月 10 日　印刷
2024 年 1 月 5 日　発行

著　者 © 西　村　牧　夫
発行者　　岩　堀　雅　己
印刷所　　株式会社精興社

〒101-0052 東京都千代田区神田小川町 3 の 24
発行所　　電話 03-3291-7811（営業部），7821（編集部）　　株式会社白水社
www.hakusuisha.co.jp
乱丁・落丁本は送料小社負担にてお取り替えいたします。

振替　00190-5-33228　　Printed in Japan　　加瀬製本

ISBN978-4-560-08998-9

白水社のフランス語学習書

東郷雄二 著
中級フランス語 あらわす文法 [新装版]
無味乾燥にみえる文法の中に隠れた「しくみ」をみつけ，フランス語らしい表現を自分のものにしましょう．　◎四六判　187頁

曽我祐典 著
中級フランス語 つたえる文法 [新装版]
ことばづかいの陰に文法あり．フランス語で自分の意思をうまく伝える感覚を磨いていきます．　◎四六判　183頁

西村牧夫 著
中級フランス語 よみとく文法 [新装版]
文法の謎をとき，見逃しがちなポイントを示しながら，相手の意図を正しくよみとく力をつちかいます．　◎四六判　195頁

井元秀剛 著
中級フランス語 時制の謎を解く
なぜこんなに時制の種類が多いのか．フランス語話者はどう使い分けているのか．英語や日本語と比較しつつ，時制のしくみをつかむ．　◎四六判　181頁

渡邊淳也 著
中級フランス語 叙法の謎を解く
叙法とは，直説法・条件法・接続法・命令法などの「述べかた」のこと．「述べかた」が変わると，なにが変わるのか．
◎四六判　181頁

小田涼 著
中級フランス語 冠詞の謎を解く
上級者になっても難しい「冠詞」．フランス語話者は不定冠詞と定冠詞をどのように使いわけているのか．冠詞の正体を探る謎解きの旅．　◎四六判　190頁